JN329133

ナショナリズムとデモクラシー

現代世界――その思想と歴史 2

田中浩 編

田中 浩
樋口陽一
山室信一
村松惠二
加藤普章
下斗米伸夫
野村浩一
林 忠行
板垣雄三
小杉 泰
川端正久
坂本義和

未來社

ナショナリズムとデモクラシー

目次

装幀――高麗隆彦

ナショナリズムとデモクラシー

はじめに

もう三〇年ほどまえのことである。ある大学の博士課程に在籍する韓国人留学生A君からお会いしたいという電話がかかってきた。当時は、ベトナム戦争が一九七五年に終結し、東西（米ソ）対立を基軸とする「冷戦思考」の時代から「競争的共存」の時代へと移行しつつあり、国際的には平和の燭光がようやく見え始めていた時期であった。しかし、東アジア地域では、戦後以来の「歴史認識」の違いをめぐって、日中・日韓のあいだでのナショナリズム的対立が依然としてくすぶったままであり、むしろその思想的矛盾は激しささえ増してきていた。

戦前に軍の学校に進み、士官候補生（将校生徒）のままに敗戦を迎え、戦後旧制高校に再入学し、超国家主義・軍国主義から民主主義への思想転換を迫られた身としては、ナショナリズムをめぐる問題は、その後ずっと私の胸の奥深く突き刺さった重たい課題であった。しかし、ナショナリズムの問題は、その分析対象の範囲と内容があまりにも巨大かつ複雑で、これにいきなり真正面から立ち向かうのははばかられた。まずは世界の歴史、日本の政治あるいは近代デモクラシーの思想や現代思想の解明が必要不可欠のように思われた。もちろんそのさいにも、地球上に生起する政治・経済・社会問題や思想的・イデオロギー的対立に可能なかぎり関心をもつように心がけてきたが、これは戦中世代の多くの人びとに共通した心的態度ではなかったかと思われる。

Ａ君は私に会うなり、ホッブズを研究したいと述べた。その理由として、ナショナリズムや民族主義といういわば「集団的思考」を基軸にして考えるかぎりは、現在の韓日問題や中日関係の矛盾は解決できない、ホッブズが言うように、「人間（個人）」の「自己保存（生命尊重主義）」を基軸にして考えればナショナリズムの問題も解決可能ではないかと思う、だからホッブズの政治思想を教えてほしいということだった。

このとき私は、「目からウロコ」が落ちたような衝撃を受けた。私はかねがね、ホッブズがその徹底した「人間尊重主義」の思想によって当時の絶対王政の思想と制度を批判した手法にならって、戦前日本の国家思想を批判してきた。それは天皇崇拝という伝統思想を用いて人民を教化・統合し、人権や自由をまったく無視し、特定権力（薩長藩閥）の特殊利益を実現しようとした政治思想であり、そうした全体主義的ファシズム思想がアジア侵略を正当化してきたからだ。しかし私は、ホッブズの政治論が、国際的な現代ナショナリズムの問題を解明する方法として適用可能であるとはただちに思いつかなかった。なぜなら、国家対国家、民族対民族、宗教対宗教をめぐる問題は、すぐれて集団間の問題であり、個人の生命・自由を単位として解明することは必ずしも有効ではない、いやナショナリズム解明のためには違った基軸が必要ではないかと思われたからである。

しかし、Ａ君の考え方には一理あるように思われた。ギリシア・ローマ以来、ルネサンス、宗教改革、市民革命、社会主義革命、Ａ・Ａ諸国の独立などを通じて確実に「歴史」は「進歩」している。

そのさいの歴史変革の主体は、基本的には自由・平等・平和を希求する人間の思想と実践にあった。「歴史の進歩」、「社会の変革」を可能にしたのは、究極的には「個人」の「意識の変革」にほかならないということであろう。とすれば、現代世界政治最大の難問である「ナショナリズム」をめぐる問題も、個人自由・社会的平等・国際平和を統合して歴史的に発展してきた普遍原理であるデモクラシー思想——ホッブズの言う自己保存的人間尊重主義——を基軸にして解明できるのではないかと思うようになった。

それから一〇年ほど経過するなかで、ナショナリズムとデモクラシーを関連づけて分析する考えを後押しするような歴史的事件や政治的実験が出現した。前者は、一九八九年一二月の「冷戦終結宣言」以後の一連の事態である。スターリン型体制の不満から東欧諸国が離脱する可能性はかなりまえから感じていたが、九一年一二月にソ連邦社会主義体制までが一挙に崩壊するとは予想だにしなかった。そしてソ連邦の崩壊は、自由と人権保障を求める「人間の勝利」そのものであった。もうひとつは「EUの実験」である。一九九二年に、EC加盟国一二カ国が「マーストリヒト条約」に調印してEU（欧州連合）が発足した。EUの実験は、加盟各国の自主性を尊重しつつも、国家、民族、人種、政治・経済イデオロギー、宗教などの違いを超えて、自由・平等・平和を保障する方向を実現しようというものである。そして以上二つの政治的モニュメントは、デモクラシーの思想がナショナリズムの思想に優越しようとする傾向が現出しつつある証左と言えよう。

ところで、一九九〇年代以降のナショナリズム研究の飛躍的発展を総括したオリヴァー・ジマーの

『ナショナリズム　1890-1940』（二〇〇三年〔福井憲彦訳、岩波書店、二〇〇九年〕）巻末の文献紹介を見ると、ナショナリズムを、ネーション、エスニシティ、政治運動、文化運動、あるいはファシズム、シオニズム、社会主義をはじめとするイデオロギーと関連づけて分析するものばかりで、「ナショナリズムとデモクラシー」というタイトルの研究がまったくと言ってよいほどないのはなぜだろうか。今回、われわれはそれぞれの専門分野ではあるが、「ナショナリズム」と「デモクラシー」を関連づけて分析してみた。それが成功したかどうかは読者の厳正なる判断にまかせるほかないが、ナショナリズム研究に一石を投じえたとすれば幸いである。

二〇一〇年二月

田中　浩

ナショナリズムとデモクラシーの「融合」と「乖離」——その歴史的・思想史的考察

田中　浩

1　ナショナリズムとデモクラシーの関連

ナショナリズムとデモクラシーの関係を問うことはすぐれて政治学（政治思想を含む）の根本問題である。なぜならナショナリズムもデモクラシーも、政治分析の重要な対象である国家構造や国家思想や政治運動などとの関連を抜きにしては明らかにされえないからである。

ナショナリズムと言えばふつうには、国民（人民）・民族・エスニシティ・文化・言語・宗教などの定義から始めて、それらと国民主権主義・愛国主義・超国家主義・民族自決主義・国際主義などとの思想的・歴史的関連性の解明へと進んでいく場合が多い。しかし私は、ナショナリズムの問題は、まずはその思想的原点となった近代国家の成立・発展・変容・現状との関連をめぐる諸問題の分析から始める。なぜならそうした分析プロセスを通じて、近代デモクラシーの精神原理である自由・平等・平和などのデモクラティックな人権思想と国家観・民族観・国民（国家）的使命観などを含むナショナリズムとの関連が正しく捉えられるのではないかと思うからである。

ところでナショナリズムの発現形態は、各国ごとにまた時代ごとにさらには民族ごとに多種多様である。したがってそうした個別的なナショナリズムの態様の詳細な分析がまずはナショナリズム研究の基本前提であろうが、それだけでは特殊・個別的な「分析のるつぼ」に埋没する危険性があることに注意すべきである。それを防ぐためには、特殊・個別的かつ具体的なナショナリズムをめぐる諸問題を、デモクラシーの基本的・普遍的な諸原理と関連づけて研究することが当該テーマを考えるうえでもっとも有効かつ的確な解明方法ではないかと思う。

2　ナショナリズムの思想的原型——近代国家論の形成

ナショナリズムは、集団的共同体である近代国家とその成員である個々の国民との「自己保存」(生命の安全)を同時にはからんとする政治思想である。とすればナショナリズムの真の起源は、近代国民国家の成立とともにあると言えよう。そこでまずは近代国家の形成と近代国家論の登場との相関関係について考察する。

トマス・ホッブズの主著『リヴァイアサン』(一六五一年)は、個人(人間)の「自己保存」(生命の尊重)を政治目的の至上価値としてその国家論を構成した近代における最初の政治学書である。ところが日本では、なぜかジョン・ロックばかりがもてはやされる傾向にある。しかし、もしもホッブズが人間の「自己保存」から始めて、自然権→自然法→（同意）契約による「力の合成」（共通権力《コモン・パワー》すなわち権力の基盤の形成）→多数決にもとづく代表人格（契約した全成員の利益を代表する者あるいは会議体）すなわち主権者の選出による「コモンウェルス（政治社会＝国家）」の設立へと積み上げていく近代国民国家形成の政治論（こうした論理はマキァヴェリにもボダンにもグロティウスにもみられない）を構築していなかったならば――ホッブズはこのような政治論を古代ギリシア末期の政治思想家エピクロスから学んでいたと思われる――おそらく、ロックもスピノザもルソーもかれらの政治論を構築し展開することはとうてい不可能であったろう。

　したがって名誉革命（一六八八年）よりおよそ百年後に起こったフランス革命の精神的父ルソーの『社会契約論』（一七六二年）の徹底した民主主義論は、ロックよりもホッブズの政治論を受け継いだもの――ルソーはホッブズの政治思想をスピノザを通して学んだものと推測される――であることは間違いない。すなわち、ホッブズやルソーの個人自由や自己保存を最重要視する政治原理は、権力の基礎をロックのような代表（間接）民主制機関＝議会――地主階級と新興ブルジョアジーの妥協の産物――にではなく、個々の人間の「力の合成」にもとづく代表人格つまり「主権者」（ルソーの「一般意志〔主権〕」の場合「人民主権論」を明確にした点に注意せよ。またマルクスの場合は、「人民主権論」を「プロレタリアート主権論」にまで具体化した）に、絶対的な最高権力を与えた点で共通していた。このため日本では、ホッブズを絶対君主の擁護者とする俗論も多いが、ホッブズの真意は、かのローマの大政治家・政治思想家キケロと同じく「コモンウェルス」には「ひとつの権力（権威）」、「ひとつの法（法の支配）」がなければ人びとの安全と自由を真に守ることができない、ということにあった。すなわちホッブズやルソーが「自己保存」のために構成員全員の「契約」（「力の合成」）によって設立した代表人格＝主権あるいは主権者（ホッブズの場合、主権者の数は一人でも少数の意志統一可能な合議体でもよいとされていたことに注意せよ）や「私益と公益」を同時に体現できる市民の総意である「一般意志」（ルソーは政治形態を明示していないが、特殊階級の利益が代表されるものであってはならないことはいうまでもない）に絶対的権限を与えたのはひとえに人びとの「自己保存」や「自由」を守るためであって、「絶対権力の行使」には個々人の「安全と自由の保障」が前提とされていたことを忘れてはならない。この点でホッブズやルソーの「権力の絶対性」の主張は、フィルマーのような国王の支配（「人の支配」）を絶対視する反動的な政治思想とは断じて異なる。すなわちこれまで政治思想研究者たちのうちではほとんどだれも指摘していないが、ホッブズはジェイムズ・ハリントンと同じく近代において「法の支配」の精神を主唱した最初の政治思想家であった——ハリントンは「法の支配」の主唱者として、古代においてはアリストテレス、近代においてはマキァヴェリの名前をあげている——ことに注意すべきであろう。

にもかかわらず凡百の政治学者たちは、ホッブズやルソーにおける「自由と権力」とのあいだに存在する理論的な緊張関係を見抜けず煩悶したり、ひどい場合には「ヴァイマル・デモクラシー」を全面的に否定して全体主義のイデオローグと堕したカール・シュミットのように、ホッブズとルソーをナチズムの指導者ヒトラーを弁証する思想家としてかつぎだしているのである。しかしここでわれわれは、ホッブズとルソーにおける「自由と権力」の緊張関係をめぐる理論と思想こそが、ナショナリズムとデモクラシーの関連性と問題性を考究するうえでの「隅の首石《コーナーストーン》」であることを想起すべきであろう。

ところで、ホッブズやルソーがその政治学を構築した目的は、近代国民国家の形成期にあった一七・一八世紀のヨーロッパにおける祖国イングランドやフランスの「独立と安全」――これなしには個々人の「自由と安全」は保障されないであろう――であったから、その政治思想には「安定した強い国家」の設立という思想が内包されていたことは、しごく当然なことであった。その意味では、ホッブズやルソーはまぎれもなくナショナリストであったと言えよう。しかしこのさい、ホッブズとルソーは、個人自由と人びとの生命の安全を至上目的として、共同体全員の同意と契約にもとづく「力の合成」後の「共同社会」においてその代表人格である主権者や「一般意志」へ最高権力を与え、そのような政治システムをもつ組織体に「コモンウェルス」すなわち国家という名称を与えたのである。ここにわれわれは、国家を主体として見るさいに生じるナショナリズムという集団観念の根底に、個人自由や自己保存の保障のために平和を求めるデモクラティックな人間尊重主義がしっかりと据えられていたことを知るべきである。

ちなみにこのホッブズのいう「力の合成」や「マルティテュード（群衆）」という考え方は、のちのスピノザの言葉として、その「個々人の力を合成」した「民衆」的民主主義論とされ、アントニオ・ネグリら現代の政治学者たちによってふんだんに使われているが（『アントニオ・ネグリ講演集』全二巻、上村忠男監訳、ちくま学芸文庫、二〇〇七年）、もともとホッブズはキケロに従って、「力の合成」によって生じた「マルティテュード」という状態は、政府も法もない「自然状態」から「法の支配」する近代国家へと飛躍する中間段階として位置づけている。すなわち人間は、「自己保存」のために「自然権」・「自然法」に従って「自然状態」からの脱出をはかる「契約」を結び、契約者全員が「力を合成」して強大な「共通権力」を形成するが、しかし、これだけではまだたんなる「群衆状態」にすぎない。そして「群衆状態」にある人びとが「多数決」によって代表を選出し、代表＝主権者の作る法の下で安全に生きるために、「共通権力」を形成して生まれた共同社会において代表＝主権者を創出したとき、「コモンウェルス」すなわち国家が誕生したとホッブズは述べている。もしもホッブズがたんなる絶対君主の擁護者であったなら、「多数決」という言葉や「法の支配」を想定するような思想はでてこなかったであろう。そして、ルソーもまた「一般意志」にもとづく「法の支配」する市民国家の形成を目指していたから、その意味では彼を「フランスのホッブズ」と呼ぶことは決して誤りではあるまい。

ともあれホッブズとルソーの政治論には、内に向かっては人民の自由と生命の安全を保障する国民主義的ナショナリズム、外に向かっては外国の侵略から国民の生命・財産を守る国家主権主義的ナショナリズムという二つの性格が、人権と自由を基本原理とするデモクラシー思想と深く結合していたことがわかるであろう。しかし、その後の資本主義経済の急激な発展のなかでしだいに両者の関係は理論的に乖離することになる。すなわち資本主義先進諸国においては、対内的には政治的・経済的な不平等が現出し、対外的には諸国家間の経済格差を利用した植民地収奪競争や格差解消を求める列強間での帝国主義的戦争が起こり、ナショナリズムとデモクラシーの間に明確な乖離状況が現われるのである。

3　フランス革命から第一次世界大戦まで

イギリスの「名誉革命」（一六八八年）から「フランス革命」（一七八九年）に至る約百年間は、ナショナリズムとデモクラシーの理念や思想のあいだでの一致がある程度期待されていた幸せな時代であったと言ってよいだろう。

ロックの政治論は、旧封建階級である地主階級と新興産業階級《ブルジョワジー》との妥協による新しい支配階級の形成を推進し——とくに労働による生産行為とその対価である私有財産の絶対的保障——、制度的には両階級の代表が構成する議会に主権を置く代表（議会）制民主主義を論理化したものであった。ホッブズとハリントンは、当時のイギリス議会を特殊利益の代表機関として鋭く捉えていたから、それぞれ『リヴァイアサン』や『オシアナ』のなかでイギリス伝統の「制限・混合王政論」（国王と議会の妥協による政治を最善とする政治思想）とは異なる個人中心主義的な政治原理（ホッブズ）や政治制度

（ハリントン）を示唆していたが、ロックが議会を正面に押しだしたことによって「近代デモクラシーの父」と称揚されたのは、ひとえに議会制民主主義方式がのちの近代資本主義国家や資本家階級に適合的な主要な政治機関として広く採用されるようになったためであった。

こうしたロック的な考え方は、基本的には続くデイヴィッド・ヒュームによって継承されたが、ここではやくも、のちに貧困層の反体制運動の理論的武器になりかねない個人中心主義的な自然法思想――この思想はもともとは近代市民階級が絶対王政を打倒したさいの主要な理論的武器であった――の否定が始まり、このヒュームの政治思想は、のちにフランス革命を激しく非難したイギリス支配層のイデオローグ、エドマンド・バークのルソー的自然法思想批判（『フランス革命にかんする省察』一七九〇年）によって最高潮に達する。しかし、一八世紀前半のイギリスは、「政治的安定」と「新興産業層の発展」を背景に「静かなる革命」＝「産業革命」（アルバート・V・ダイシー『一九世紀の法と理論』一九〇五年）が進行しつつあった平和な時代であったと言えよう。こうした政治・社会的背景のもとに、アダム・スミスは『諸国民の富』（一七七六年）において、「見えざる手」による「自由放任経済《レッセフェール》」の「予定調和」（私益は公益と一致する）説――マルクスはこれを「バラ色の夢」と批判していた――を展開しえたし、また市民政治論の大成者ジェレミー・ベンサムがその『道徳・立法の諸原理序説』（一七八九年）において、「最大多数の最大幸福」原理にもとづく「議会制民主主義」による理性的・合理的な政治の実現という「市民政治論」を展開しえたのも事情は同じであった。

しかし、ナショナリズムとデモクラシーの一致という仮説はここまでであった。利潤獲得を至上原理とする資本主義経済が欧米諸国で発展すると、まず国内的には国民間の経済的不平等が顕在化し、それが国民主権主義の内実をめぐって政治改革や社会改革の大きなテーマとなった。そして資本主義の矛盾、とくに経済的不平等を素朴ながらはやくも発見し、その矛盾解決に全力を傾注したのがルソーであった。したがってルソーは、ふつうには一七・一八世紀のホッブズ、ロックなどの「社会契約論者たち」の国民国家論の大成者として位置づけられているが、同時にかれは、資本主義の矛盾を分析することなしにはもはやその政治・社会論を展開できなかった一九世紀の社会科学者たち——たとえばヘーゲル、サン＝シモン、フーリエ、プルードン、ルイ・ブラン、マルクス、エンゲルス、ミルなど——の理論的・思想的先駆者であったと言うことができよう。

ルソーはその最初の著作『人間不平等起源論』（一七五五年）のなかで、不平等の原因は少数の賢明なる富裕者たちが多数の貧困者を組織して労働させること——これこそ資本主義の基本形ではないか——から始まったと正しく述べていた。したがってルソーは、ロックのように有産者の利益を代表していた議会制に満足することなく——ロックの思想はヴォルテールなどの百科全書学派に主として受容されたようである（安藤隆穂『フランス自由主義の成立——公共圏の思想史』名古屋大学出版会、二〇〇七年）——、ホッブズ的な個人自由と生命の安全を第一義的に保障しようという政治システムの創出をはかり、「一般意志」という名の「人民主権論」を展開したのであった。しかし「一般意志」にもとづく、すぐれて道徳主義的な政治実践だけでは「政治・社会改革」は真に実現されえない。したがって一九世紀全般の社会諸科学の使命は、「社会の矛盾と運動法則」（ローレンツ・シュタイン）を発見することに向けられた。その最初の努力はフランスのサン＝シモン、フーリエなどのいわゆる「空想的社会主義者」（マルクス）によってなされた。次いで一九世紀中葉以降マルクスやエンゲルスの『共産党宣言』（一八四八年）や『空想より科学へ』（一八八〇年）、『資本論』（一八六七―九四年）などによって、資本主義に内在する構造的矛盾やその矛盾の解決策としての「政治革命の理論と方法」（「科学的社会主義」）などが明らかにされていく。そして、マルクス・エンゲルスによる資本主義経済社会の矛盾についての分析は、二一世紀の現代においても基本的には誤ってはいないであろう。ともかくマルクス主義の登場は、それまで一国主義的であった社会科学研究にグローバルな視点をもたらしたのである。そのさいマルクスは、イギリス革命、フランス革命の次にはドイツに社会主義革命が起こると述べていたから、ヘーゲルのブルジョア的文明論――近代文明を一九世紀において継承するのはドイツ的精神であるとの主張――とは異なるが、ドイツ発の社会主義的民主主義を全世界に及ぼそうとしていた点でかれもまたドイツ国民の優越性を主唱したナショナリストであったとも言えよう。

さて資本主義の矛盾は大陸ヨーロッパのフランスだけでなく、資本主義の先端を突っ走っていたイングランドでも当然のことながら現われた。本国イングランドと植民地アメリカとの紛争はナショナリズムとデモクラシーの衝突をめぐって起こった世界最初の思想戦であった。本国の植民地収奪にたいして植民地人はついに本国からの離脱・独立を決意し、新大陸の地に国民主義的なナショナリズムが形成された。そしてこの国民主義を推進したのがトマス・ペインの『コモンセンス』（一七七六年）であった。

かつて一七世紀に絶対君主制の打倒のために闘った新興ブルジョアジーは、いまや支配層に成り上がって議会の一翼を担い、イングランド国王と結んで植民地人を抑圧していた。このためペインは、ピューリタン革命時代の自然権・自然法理論をかかげて――いまやブルジョアジーたちは、かつての自然法思想という旗を投げ捨てていた――、世襲王政は人民主権論に反すること、議会の構成員は、貴族院は世襲制、庶民院は成年男子の七分の一からしか選ばれていないからイングランドの政治は非民主的なものであることを明らかにし、植民地人が「本国議会の横暴」を批判しながらもいまだに「国王へ期待」していた幻想（民主主義の母国イギリス）を打ち砕いた。アメリカ「独立戦争」は、健全なナショナリズム＝国民主権主義の喚起には必ずデモクラシー的思想原理がセットされていることを示した有力な事例である。そのことは、ペインが、アメリカの「独立戦争」への参加と連動して、当時イングランドで起こっていた政治改革（普通選挙の要求、メアリ・ウルストンクラフトらの女性の権利の擁護）や経済的不平等の是正のために闘っていた労働運動も支持し、またジョゼフ・プリーストリらとともに当時イギリスにおいて忘れられていた自然権や自然法にもとづく民主主義の原理を復活させたことにみることができよう。

しかし、一八世紀末のナショナリズムとデモクラシーをめぐる熱戦の白眉は、フランス革命を舞台にして起こった。フランス革命の勃発を知るや、「革命知識人」ペインはただちにパリに飛び、ルソーばりに自然権・自然法を用いて革命派を支持した。このとき「独立戦争」のときには共同戦線を張ったバークが、今度は『フランス革命にかんする省察』を書いて、フランス革命を強烈に批判した。

かれは、フランス革命が過激に走ったのはルソーの自然権思想（人民主権の要求）によるものであり、これにたいしてイギリスの名誉革命後の「権利章典」（一六八九年）では、「フランス人権宣言」とは異なり、「古来の自由と権利」という穏健な政治思想によって政治改革がなされ、「章典」には、「自然法」なる語はひとことも書かれていないとして、フランス「民主主義」の過激性にたいして、健全なるイギリス民主主義による「無血革命」の成功を誇示したのである。このバークの心理は、イギリスの労働者階級がフランス革命から影響を受けることへのイギリス支配層の恐怖心――当時のイギリスでは自然権、自然法という言葉は危険視されていた。そのためベンサムは自然法に代えて「最大多数の最大幸福」原理という言葉を用いて政治改革（男子普通選挙権）を唱えた――を表明したものであった。バークの『省察』を読むとペインはただちに、『人間の権利』（一七九一年）を書いてバークの変節に反撃を加えたが、ここでは革命の正当性を擁護しただけでなく、民主主義の条件として経済的不平等や貧困問題を解決するための社会福祉や社会政策の必要性をはやくも取り上げている点に注意すべきである。この意味ではペインは、一九世紀中葉以降にイギリスにおいて登場してくる社会・労働政策や福祉国家思想の先駆者であったと言えよう。

ところでフランス革命はイギリス革命と異なり、ヨーロッパ全域に民主主義思想を一気に伝播させた。なかでも隣国ドイツがその影響をまともに受けた。当時のドイツは、三〇〇ほどの領邦国家に分かれていたが、フランスが市民革命により近代的統一国家へと転進し、イギリスと並んで世界の強国となったのを見て、フランス革命前夜の「フランス啓蒙思想運動」にならって統一国家を目指す

「疾風怒涛《シュトゥルム・ウント・ドランク》」の運動が起こった。ゲーテ、ベートーヴェン、カント、フンボルト、フィヒテなどの文学・音楽・哲学作品にはそうした強烈な思いが込められていた。しかし、なんといってもドイツ・ナショナリズムの代表的知識人はヘーゲルその人であったろう。戦前の日本ではヘーゲルの思想は日本の国家主義を補強する哲学——ヘーゲルの国家・社会哲学には、国家（全体）の個人にたいする優位という思想がみられた——としておおいに援用された。たとえば長谷川如是閑が当時、日本の封建主義の支柱であった天皇制国家思想を直接批判することができなかったので旧制高校や帝国大学での政治学や哲学で教授されていたヘーゲルの国家思想を批判攻撃するといった迂回戦術をとったのはこのためであった。しかしヘーゲルの目指したものは、「ドイツはまだ（近代的統一）国家ではない」（『ドイツ国制論』一七九九—一八〇一年）という言葉に象徴されるように、ドイツにおける「統一国家」の形成にあり、その実現をプロイセンのフリードリヒ王とその忠実なる官僚たち（かれらは大土地所有者層《ユンカー》の出身であった）——ドイツではまだ国民的議会はなかった——に期待した。そしてこのようなヘーゲルの政治・国家論は、一六世紀ルネサンス期のイタリアにおいて、隣国の強大な絶対主義国家フランスからの侵略に対抗するために、マキァヴェリが『君主論』（一五三二年）を書いて、一〇ヵ国近くに分立していた都市国家を糾合することをメディチ家（フィレンツェ公）に期待したのと似ている。しかしここで注意すべきはマキァヴェリが統一国家の新君主は民衆の意見を聞くべきであると述べていること、かれがローマ共和国やフィレンツェ共和国の歴史を研究した共和主義的デモクラットであったということである。この意味でマキァヴェリを近代政治学の創設者、ヘーゲルをドイツにおける近代国家論の祖と述べるのは必ずしも間違いではないであろう。またかれらが、その政治学においてナショナリズムとデモクラシーの融合を工夫していたことを知るべきである。

とはいえイタリアやドイツは、イギリスやフランスのような近代国民国家の主体である市民階級をもたなかったため具体的な統一国家の形成が遅れた。ちなみにイタリアは一八六一年、日本は一八六八年、ドイツは一八七一年にようやく近代国家の体裁をととのえるが、これらの国々は、イギリスやフランスのような「市民革命」の経験をもたなかったために、近代国家の形成後、「個人にたいする国家の優位」（富国強兵）の思想が先行し、それがのちに「偏狭なナショナリズム」（ステイティズム）としての超国家主義にもとづくファシズム国家となり、英米仏などの世界の民主主義国家と闘って敗北することになる。

4　危機の二〇年——二つの世界大戦

二〇世紀前半における最大の政治錯誤はファシズム国家の出現であった。そしてこのファシズム国家は、一九一七年に誕生したソ連社会主義国家と同じく資本主義の矛盾から生まれ、その矛盾解決の方策をめぐって形成された異端国家であった。

一九世紀後半以降に開始された先進資本主義列強の飽くなき利潤追求は、国内における貧富の差を拡大し、階級闘争を激化させた。そして資本主義の競争行為はますますグローバル化し、とくに七〇年代以降、英仏などの列強諸国によるアジア・アフリカ地域などへの収奪競争を激化させ、一九世紀に入ると独伊日などの後発資本主義国も、そうした植民地獲得競争に割って入ってくる。そのさいこれらの国々は、「強大な国家」建設を目指し、ステイティズムを強調して個人の自由や政治的・経済的デモクラシーを抑圧しつつ、次々に侵略行為を行なった。とくにドイツなどでは、資本主義の矛盾を「文明の頽廃」として捉えて英米仏などの個人中心主義的な政治・経済・社会思想を批判し、それに対抗するニーチェが言うところの超人の出現を待望する「権力の意志」が強調された（カール・レーヴィット『ヨーロッパのニヒリズム』一九四〇年（柴田治三郎訳、筑摩書房、一九四八年））。このためいわゆる「自由民主主義《リベラル・デモクラシー》」を標榜する英米仏列強と、独伊日「ファシズム国家」が激突し、一九三九年、ついに第二次世界大戦が勃発した。両陣営にはそれぞれ言い分はあったろう。しかしここで言えることはデモクラシーの思想的基盤と民主的制度を欠いた国家はけっして世界の支持をえられないということである（ヘルムート・プレスナー『ドイツロマン主義とナチズム——遅れてきた国民』一九三五年（松本道介訳、講談社学術文庫、一九九五年））。第二次世界大戦後の一九四八年に国際連合に加盟した世界中の国々（ソ連社会主義国を含む）が、自由・平等・平和の確立を求める「世界人権宣言」に賛成したのはこのためであった。

さて資本主義の矛盾に反撥したファシズムと社会主義のほかに、第二次世界大戦直後にもうひとつ資本主義列強に反対した反植民地主義運動がアジア・アフリカ地域で一挙に爆発した。こうした民族独立を標榜するナショナリズム運動は、一九世紀中葉には、中国で阿片戦争、インドでセポイの反乱などが起こったが、いずれもイギリスなどの列強や宗主国によって抑圧された（イギリスは一九〇五年の「ボーア戦争」以来、武断政策をやめた）。民族自決主義にもとづく独立運動は第一次世界大戦後のバルカン半島で起こったが、それ以上には拡大しなかった。一〇〇ヵ国近い植民地・従属国が一斉に独立を果たしたのは第二次世界大戦後であった。こうしたナショナリズム運動に刺激を与えたのは、ひとつにはなによりもまず反ファッショ闘争によって世界的な規模でのデモクラシー思想が発展したこと、もうひとつには第一次世界大戦後に誕生したソ連社会主義国家の存在であった。なぜなら資本主義の矛盾によって発生するさまざまな政治的・経済的・社会的不平等の廃絶を主張するマルクス・レーニン主義は当然のことながら資本主義列強の植民地収奪に反対し、植民地の独立運動と民族自決主義を支持してきたからである。そして第二次世界大戦後、中華人民共和国が独立（一九四九年）して、社会主義諸国の勢力が資本主義諸国と拮抗するなかでアジア・アフリカの地域で続々と植民地・従属国が独立した。こうした運動は、ナショナリズムとデモクラシーが融合した歴史的進歩の成果を示した決定的な事例であろう。しかし問題はここで完結しない。なぜなら現代世界は基本的には依然として資本主義体制のままであり、とすれば資本主義の矛盾から完全に免れることはできないからである。独立はしたもののアジア・アフリカの国々でいまだに貧困問題が解決されていないのがその証拠である。「国家の独立」としてのナショナリズムと、自由と平等を求める「国民の独立」（陸羯南『近時政論考』一八九一年〔岩波文庫、一九七二年〕）としてのデモクラシーとの均衡のとれた「国家（政治社会）」はどのようにして確立できるのか（田中浩『近代日本と自由主義《リベラリズム》』岩波書店、一九九三年）。それには新興独立国家自体の民主化に向けての自助努力が必要であろうが、なによりも先進資本主義諸国の「ひも付き」ではない強力な経済援助が必要で、それによって、新興独立国家においても真に自立した民主国家が生まれるであろう。そしてそうした民主国家の連合体が世界的に形成されれば世界平和が実現されるのではないか。この問題の解決策については簡単には答えられないが、避けては通れない政治・経済・社会・思想にかかわる究極的問題である。しかし、この問題に入るまえにわれわれは、二〇世紀におけるファシズム、社会主義をめぐる諸関係について考えておく必要があろう。

5　ファシズム・社会主義の実験と経験

これまで述べてきたようにナショナリズム（国家主権主義）とデモクラシー（国民主権主義）の矛盾・乖離は、基本的には資本主義に内在する利潤追求を至上目的とする思想や、有産階級による私有財産の絶対視から生じる。ハリントンがピューリタン革命は「所有権の闘いであった」と述べていたのはこの意味で正しい。

ところでいかなる形態の現代民主国家であれ、その政治構造は、財産・地位をもつ少数の富裕権力層が国民大多数を支配しているのが実態であろう。そしてそういう実態は、たとえば世界大恐慌のような「例外状態」（シュミット『政治的なものの概念』一九三二年〔田中浩・原田武雄訳、未來社、一九七〇年〕、『政治神学』

一九二三年（同、一九七一年））が生じたときに中産以下の階層に打撃が与えられることによって誰の眼にも明らかとなる。したがって民主主義国家とは例外状態が生じたときにも有産者から無産者にいたるまでのすべての階層がほぼ安定して生活できるように保障できる仕組みをもった社会である、ということになる。かの悪名高いファシズム国家でさえ、「民族の神話」（ムッソリーニ）を振りかざして「国民革命」を僭称し、資本主義の矛盾を克服できる偉大な実験を遂行しつつあるとの期待を国民に与えた。しかしここでは欧米列強に追いつくために「強大な国家」の建設が第一義的なものとされたため、人権・自由などの西欧に伝統的な民主主義の原理がまったく無視され、それればかりか「国家の拡大」を目指して、ステイティズムを高唱して他国を侵略し他民族を抑圧した。ファシズム国家は、ナショナリズムとデモクラシーが最も乖離した典型例と言える。

資本主義の構造的矛盾を理論的に明らかにし、その矛盾を除くためには資本主義体制それ自体を廃絶する必要があると主張し、生産物はその生産に参加したすべての人びとに公平に還元されるような経済的平等社会を実現し、国内的には階級対立のない平和な社会を、対外的には他民族を収奪しない、つまり植民地化したりしない社会主義的な方向を提示したのがマルクス・エンゲルス・レーニンらであった。一九世紀中葉以降、資本主義の矛盾にもとづく被害を真っ向から受けてきた労働者階級や植民地・従属国の人民たちは、このマルクス主義的提言に参集し、一九一七年に世界史上初の社会主義国家ソ連邦が誕生すると、この「反資本主義」運動は、第二次世界大戦後、世界中に拡がり、ソ連・中国を中心とする社会主義陣営は、たちまち人口にして三分の一以上、領土にして四分の一以上に勢力を拡大した。

ではなぜ一九八九年の東欧諸国のソ連離脱といういわゆる「東欧革命」、「冷戦終結宣言」、一九九一年の「ソ連邦の崩壊」が起こったのか。このときアメリカは「自由民主主義」・「市場原理」の、「社会主義」・「共産主義」・「計画経済」にたいする勝利を高らかに宣言したが、はたしてそうであろうか。二〇〇八年九月のリーマン・ブラザーズ社の破綻に始まる世界的な金融大不況は、利潤至上主義に陥りやすい資本主義体制の弱点を暴露した。とすれば「ソ連邦の崩壊」はマルクス主義自体の敗北ではなく、マルクス主義による国家・社会の構築という目的に従事した当時の政治指導者たちがその手段を誤った結果だと思われる。一例をあげれば、マルクスは、社会主義・共産主義の建設にさいしては、革命に勝利したのち「プロレタリアートの独裁」が必要であることを述べたが、人民権力を確立するために、革命政権がすべての権力を一時期集中すること自体（シュミットのいう「主権独裁」。他方でシュミットはローマ共和政時代に、危機状況＝「例外状態」を回避するために、ローマの元老院〔議会〕から独裁権を一時期与えられた独裁官による政治を「委任独裁」と呼び、こうした事例は近・現代国家でもしばしば現出すると述べている。この場合には危機が回避されれば独裁権は元老院に返上される〔『独裁――近代主権論の起源からプロレタリア階級闘争まで』田中浩・原田武雄訳、未來社、一九九一年〕）は「政治の世界」においては当然である。しかし、ある程度、政権が確立したらその権力集中（独裁）は権力分権へとしだいに移行していくことが必要であろう。マルクスはそう考えていたはずである。なぜならかれの言う「国家の死滅」というのは、権力手段をもつ国家がそうした手段を必要としない、行政機構のみをもつ平和な共同社会を想定していたと思われるからである。しかしソ連誕生後、世界中の資本主義国がソ連邦を包囲して新生社会主義国家の絶滅をはかったため、それに対抗する必要からソ連自体も「強い国家」を作る必要に迫られ、そのため「独裁制の強化」すらはかられたものと思われる。ところが社会主義建設がある程度成功したのちもソ連の指導者たちは「社会主義ナショナリズム」を保持するため、そしてとくに第二次世界大戦後には、「社会主義圏拡大」のためのスティティズムを周辺の東欧諸国に押しつけた。これはインターナショナリズム（国際主義）と「民族自決」を社会主義の基本原理としていたマルクス・エンゲルス・レーニンたちの思想からの逸脱となり、社会主義国家・社会におけるナショナリズムとデモクラシーの乖離であったと言えよう。こうした「プロレタリアート独裁による共産党一党独裁の正当化」によるリベラル・デモクラシーの抑圧、「社会主義の大義」のもとでの他民族（とくに東欧諸国）の抑圧というスティティズムの強行、これらが社会主義国家にたいする国際的な不信感をもたらしたことは間違いない。しかし、ソ連はもともと西欧の思想・文化圏のなかで生育してきた国家である。その意味で、スターリン的な「鉄の団結の思想」もそういつまでも長続きするはずがなく、ホッブズ・ルソー以来の自由・平等・平和を基本原理とするリベラル・デモクラシーの思想によって内部的に切り崩されるという自浄作用現象が起こる。その早期の現象が第一書記フルシチョフによる一九五六年の「スターリン批判」と「マルクス主義政治論の修正（階級闘争の否定、「人民国家論」の主張など）」である。もっともこの動きはその後の「冷戦対決」激化のなかで封印されたが、それから約三〇年後、西欧諸国との交流と西欧思想の学習を通じて新しい世界の動きを認識していた第一書記ゴルバチョフにより、「社会主義の枠内ではあれ」、一定の民主化――政治改革《ペレストロイカ》と情報公開《グラスノースチ》、共産党一党独裁の破棄、アメリカ・カナダ型の連邦制採用の主張など――がはかられた。そして一九八九年一二月の「冷戦終結宣言」、同年後半期から始まった東欧諸国のソ連邦からの離脱という国際情勢の急激な変化によって、一九九一年一二月にエリツィンの指導下に、ついにソ連邦自体が社会主義を原理とする国家であることに終止符を打ち、旧ソ連は、ロシアを筆頭とする一二の独立した共和国の連合体（独立国家共同体）となり、ここに社会主義から資本主義への転換――これによってウラル以西のソ連邦は基本的にはヨーロッパ圏に属するということがわかる――がおこなわれた。しかしこの転換は必ずしも資本主義大国アメリカの一方的勝利を意味しなかった。なぜなら、ロシアと社会主義中国は国際関係のなかで依然としてアメリカの行動を抑制する有力な勢力となっているからである。このことからして、社会主義思想の政治・経済・社会原理は、二一世紀世界においても、自由・平等・平和の実現を目指すデモクラシー原理と共生関係にあると言えよう。

6　多極化の時代へ――残された課題

これまで述べてきたように、ナショナリズムとデモクラシーの関係は、別の言葉でいえば、国民・

民族・文化・宗教などの個性を尊重するナショナリズムと自由・平等・平和などの普遍的価値の実現を求めるデモクラシーとの相関関係を問う基準となるものである。そして、この両者の間には、歴史的にはさまざまな局面と展開があった。独伊日ファシズム国家はステイティズムを主張したために民主的な国民国家の建設に失敗し、そればかりか、周辺諸国民に甚大な損害を与え、最終的には英米仏などのいわゆる「自由民主主義」国家群によって打倒された。また一九一七年に始まった社会主義国家建設は、本来、自由・平等という普遍的価値を全世界の人びとに及ぼそうとしたものであったが、前述したように、ソ連ではとくにスターリン指導下においてマルクス・エンゲルスの理論と目的から逸脱して、国内的には独裁的支配体制を強化し、国際的には周辺東欧諸国の人民や民族を抑圧する結果となったため、結局、一九九一年末にスターリン型独裁制を廃棄せざるをえなくなった。さらに近代化と民主化におおいに貢献した英米仏などの資本主義列強も、一九世紀以来の資本主義の急速な発展とともに、「資本の論理」（ハロルド・ラスキ）によって国家の拡大化をはかり、そのため国内的には失業・貧困などの経済的・社会的不平等を生み出し、対外的にはアジア・アフリカなどの経済的後発地域の人びとを抑圧し、そこに広汎な民族独立運動が起こった。以上の三つの事例（ファシズム、スターリン独裁、植民地主義）は、その性格はそれぞれ異なるが、ナショナリズムとデモクラシーとが歴史上乖離した典型例であった。

ところで歴史の示すところは、前述したようなナショナリズムとデモクラシーの間に矛盾や乖離が生ずれば、必ずその修正がはかられ普遍化の方向へと解決されていくということである。一七・一八世紀に起こった英米仏などの市民革命や独立戦争はナショナリズムとデモクラシーの一致を求めた近代最初の政治的事件であった。またファシズム国家やスターリン型社会主義国家が、非民主的な独裁制を廃棄して、現代世界における普遍的価値と目されている自由民主主義を選択しさらには社会民主主義へと転換したのは、第二の政治的事件であった。

では二〇一〇年代に入った現代世界において、ナショナリズムとデモクラシーの関係についてはどのような問題があるか。世界中を見渡すと問題は山ほどある。ひとつは先にもふれた資本主義それ自体に内在する金融恐慌の可能性であり、多数の労働階級が失業・貧困の危機に瀕している。しかも現在の経済システムはグローバル化しているため、これは一国だけで解決できる問題ではなくなってきている。こうした問題の解決のためにサミットが開かれているが、ここでは少数の経済大国が主として資本主義の利益になることについて合意する傾向にあるから、より根本的な解決はみられない。次にナショナリズムとデモクラシーの乖離・矛盾で最も深刻なのは民族問題であり、そのほか領土問題・宗教問題・文化問題などがある。第三には、先進資本主義国と開発途上国との間の経済格差である。とくにアジア・アフリカにおける貧困問題の解決は、前述のように先進資本主義国からの「ひも付き」ではない経済援助が急務であろう。

こうした階層間・民族間・先進国対後発国間にみられる対立・矛盾は一挙に解決されるものではなく、今後二一世紀を通じて、全人類にとって長期間を要する困難な課題となることは間違いない。では解決・前進の方法はあるのか。かつてファシズムや社会主義は、資本主義の矛盾を克服すると主張して急激な手段を用いて「人工国家」を設立したが失敗した。失敗の原因はさまざまに考えられようが、「人権と自由」を無視した権力政治ではしょせん人民・大衆はついていかないということである。また「資本の論理」を排除すると称した「計画経済」も、それ自体正しい側面をもっていたが、それだけでは、個々の人間の創意工夫と労働による自由な生産活動への意欲という「人間の本性」には勝てなかった。自由・平等（差別のないこと）・平和という「人間の本性」を基礎にした新しい政治・経済システムはないのか。ここにEUというひとつのモデルがある。それはナショナリズムとデモクラシーの間の矛盾や乖離をただちに完全に解決できるものではないが、これまでの歴史的観点から見てひとつの前進を示すものではないか、と思われる政治・経済モデルである。

戦後、人類は米ソ両大国の覇権主義的行動に翻弄された。朝鮮戦争、ベトナム戦争は米ソの「代行戦争」（シュミット『パルチザンの理論――政治的なるものの概念についての中間所見』一九六二年〔新田邦夫訳、福村出版、一九七二年〕）であった。両国はいわゆる「資本主義（自由主義）の大義」、「社会主義の大義」を振りかざして戦い、南北ベトナムの統一は実現したものの、朝鮮半島ではいまだに「三八度線」が固定化され紛争の火種となっている。朝鮮半島の悲劇の最大の責任は米ソ両大国の覇権主義にあり、この地はナショナリズムとデモクラシーが乖離したままである。また現在の中近東問題はアメリカ資本主義が民族自決主義に不当に介入した結果であることは指摘するまでもない。

7　ナショナリズムとデモクラシーの融合――EUの形成と実験

こうしたなかで、アメリカの覇権主義やソ連型独裁制に距離をおいて、新しい国家間の連合体を結成し、ナショナリズムとデモクラシーの融合をはかることによって世界平和の実現に貢献しようとする大いなる民主的な「国民国家」間契約が、ヨーロッパの地において戦後六〇年近くかけてひそかに進められてきた。「EU（ヨーロッパ連合、欧州統合）の実験」である。「EU」はなぜヨーロッパにおいて形成されたのか。いや形成することが可能であったのか。その理由についてはいくつか考えられる。

第一に、ヨーロッパという舞台である。ヨーロッパはギリシア・ローマ以来二五〇〇年以上にわたって共通の文化・思想・宗教をもってきた。「冷戦対決時代」においてさえ、ソ連の最高指導者ゴルバチョフはことあるごとにヨーロッパを「共通の家」と述べていた。このような文化圏や思想圏は他の大陸では求めにくい。同じマルクス・レーニン主義を唱えながら三〇年間にわたって資本主義国にたいするよりも憎悪に満ちた「中ソ論争」が展開されたのは、社会主義国家建設の理論や方法の違いもあったろうが、それよりもヨーロッパとアジア間にみられる思想・文化・伝統の違いによるものであったからではないかと思われる。これにたいしてヨーロッパでは、西欧・中欧・南欧いや東欧までをも含めて共通の舞台に立つことが――これまで近代でもイギリス対フランス・ドイツ・ロシア、第二次世界大戦後でもイギリス対フランス・ドイツの間に対立・矛盾があったが——可能であり、そのために戦後六〇年余かけてEUという国家連合・国家統合が可能になったのではないか。このようなことは、東アジアにおける中国・韓国・日本の間では当面考えられそうにもない。

第二に、EU二七ヵ国の間で経済格差があっても（このためユーロ圏国はまだ一六ヵ国である）、それはアジア・アフリカ・中近東・中南米諸国間にみられるほどの開きではない。ヨーロッパが他の地域と異なるのは、この地域で資本主義が最初に生まれ、各国内に富が蓄積され、他の地域からの収奪を通じて富の蓄積が倍増したために、国内的にも国際的にもはやくからさまざまな政治的・経済的な矛盾が生じたことである。そのためヨーロッパの最先進国であったイギリスなどでは、二〇世紀初頭から民族自決主義運動を武力で抑圧することをやめ、イギリス帝国内の各植民地に徐々に自治を認めていった。そしてそのことが第二次世界大戦後、アジア・アフリカ地域での新興独立国誕生の導火線となったものと思われる。さらにヨーロッパ諸国は二〇世紀に入って、二度にわたる悲惨な世界大戦の反省から、ナショナリズムとデモクラシーの乖離を解消する方向をとったが、それもこれも古くはギリシア・ローマのデモクラシー、近くは市民革命以後の近代国民国家の成立とそれを基礎づけたリベラル・デモクラシー思想による自浄作用が働いたためだと思われる。

第三に、ヨーロッパでは、一九二〇年代から四五年にかけて独・伊などのファシズム国家が、また同じく二〇年代から九一年にかけてソ連社会主義国家が資本主義国家に刃を突きつけたが、このことが資本主義の在り方についての自己修正を迫ったことを忘れてはならない。たとえばイギリスははやくも一八七〇年代ごろより、貧困・失業などの経済的不平等による社会不安を改善するために、こんにちの福祉（資本主義）国家への修正をはかっていた。そこでは、資本主義が金科玉条とする「私有財産の不可侵」思想の転換がはかられた。そして「公共の福祉」のためには「（私有）財産の制限」もありうるという政治哲学を打ち出したのが、トマス・ヒル・グリーンであり、彼の提言によって、イギリス自由党は一八九一年のニューキャッスルにおける党大会において綱領のなかに「社会福祉」や「社会保障」政策を大幅に取り入れ具体化し、保守党もそのような考え方を容認していくのである。そのことは、第二次世界大戦後、「ベヴァリッジ報告」（一九四二年）を採決して大規模な社会保障政策を実行したのがチャーチル保守党内閣であったことからもわかろう。

ヨーロッパとくにイギリスでは、一九世紀中葉以降の社会主義思想（マルクス主義も含めて）は、市民革命後の自由民主主義思想の延長線上にある政治・社会思想として包摂できると考えられてきた。それればかりかファシズム国家になるまえのドイツでも、ヴァイマル共和国の初期にはマルクス主義政党であるドイツ社会民主党が第一党であったことを忘れてはならない。これにくらべて日本では、戦前には社会主義・共産主義という語は神国日本、天皇制に敵対する危険思想として支配層はおろか民衆レベルでも恐れられた。そのトラウマは、戦後になっても、社会党が第一党になれなかった理由のひとつではないかと思われる。ヨーロッパと日本の政治文化の違いが、現に日本の政治のあらゆるところにマイナス要因として現われているのは、外来の文化や思想の受容がいかにむずかしいものであるかを示すものである。

それはともかく、現在のEUの主要国の大半はリベラル・デモクラシーとソーシャル・デモクラシーを融合した思想である社会民主主義の政権である。EU設立時点で一五ヵ国のうち一三ヵ国が社会民主主義政権であったという事実を知るべきである。つまりヨーロッパでは第二次世界大戦後、二〇世紀の二大思想潮流であった資本主義と社会主義、リベラル・デモクラシーとソーシャル・デモクラシーを巧みに現実主義的に融合して、共通の自己保存策をはかってきていたのである。そしてこうしたことがヨーロッパで可能であったのは、二五〇〇年にわたるギリシア・ローマ以来のデモクラシー発展のための歴史的経験と蓄積――アテネの民主政、ローマの共和政、ルネサンス、宗教改革、市民革命、社会労働運動、社会主義革命、反ファシズム闘争など――、とくに第二次世界大戦後の「冷戦対決」解決策の経験によるものである。

こうした経験のなかで人間が学んだこととはなにか。ひとつは人間にとってもっとも重要なのは「自由（自立）」の保障であるという認識であった。次には生きるための「経済的保障（自己保存・平等）」、最後にこの両者を実現する絶対的条件は「平和」の保障にあるということを把握したことであった。EUは、自由民主主義と社会民主主義、資本主義と社会主義の特性を巧みに融合しつつ、前記三つの「人間の条件」＝自由・平等・平和の確立を目指して実験を開始しつつある。ここでは、EU全体の利益のために国家主権主義的ナショナリズムの発動が抑制され、そのことによって「市場原理」「グローバリゼーション」の名による無制限な利潤至上主義がおさえられる。そしてこうした方策が「百年に一度の金融大不況」というような事態を回避できる有効な手段であろう（クーペルス、カンデル編『EU時代の到来――ヨーロッパ・福祉社会・社会民主主義』田中浩、柴田寿子監訳、未來社、二〇〇九年）。

戦後、資本主義の矛盾を抑制できたのは社会主義圏の思想と勢力であった。しかし、いまやこの問題の解決は、社会主義圏に代わって、ヨーロッパ二七ヵ国による、資本主義と社会主義、自由民主主義と社会民主主義の思想的融合によって可能になりつつある。もとよりEUのみが経済的・政治的・社会的矛盾を万事解決できるとは思わない。しかし、EUの思想と組織は、歴史的にみて、自由・平等・平和を求める「人間の本性」に適合的なデモクラシー実現の可能性を展望できる世界史上初めて誕生した産物であると言えよう。ナショナリズムとデモクラシーの融合と乖離の問題は今後ともにいたるところで起こりうる。かつて、第二次世界大戦後約半世紀余にわたって、資本主義大国アメリカと社会主義大国ソ連が、それぞれに「ナショナリズムとデモクラシーを融合する」という「錦の御旗」をかかげて争った。しかし、「冷戦対決」が終わったいまとなっては、ナショナリズムとデモクラシーの相関関係をデモクラシーの方向に牽引する思想と組織の形成について、われわれが当面EUに期待するのはあながち間違いではないように思われる。そしてこうした方向がアジア、アフリカ、中近東などでも生まれれば世界平和の完全なる実現も可能になるであろうが、それにはかなりの時間と経験が必要であろう。そしてそのためには「歴史の進歩」を信じて、「人権と自由の保障」のために日常的な不断の闘争、カルヴァンのいう「民主主義の永続革命」を続けていく以外に道はないのである。

〔参考文献〕

田中浩『近代日本と自由主義《リベラリズム》』、岩波書店、一九九三年。

田中浩『〔新版〕国家と個人——市民革命から現代まで』岩波書店、二〇〇八年。

R・クーペルス、J・カンデル編『EU時代の到来——ヨーロッパ・福祉社会・社会民主主義』田中浩・柴田寿子監訳、未來社、二〇〇九年。

E・H・カー『〔新版〕ナショナリズムの発展』大窪愿二訳、みすず書房、二〇〇六年。

オリヴァー・ジマー『ナショナリズム 1890-1940』福井憲彦訳、岩波書店、二〇〇九年。

デモクラシーにとっての「市民」・再考——「ナショナル」なものとの論理連関

樋口陽一

普通選挙を直接間接に根拠として成立する政治部門が、立法・行政を担い、それに対する関係で多かれ少なかれ独立の地位を保障された裁判部門が、権利保障の任に当たる。——そのようなデモクラシーの構図の機能不全に当面したさまざまな局面で、人びとはさまざまな対案の処方箋を書いてきた。

いま目に見える形でデモクラシーの障害要因となっている、一方でポピュリズムといわれる現象、他方で硬直化したビュロクラシー。——この両方に対し、しばしば「市民」が、有効な対抗要素となることを期待されて登場する。しかしこれまでの議論でその「市民」は無概念的なままに語られ、そのことがまたデモクラシー論をも漫然と拡散したものにさせる傾きがあったのではないだろうか。とりわけ日本では、戦前以来の社会科学のなかで「市民」社会＝ブルジョア社会、小「市民」＝プチブル、という語法があったままで「市民」運動が語られ、そうかと思うと、裁判官から自衛官最高幹部までの「市民的」自由が議論される、という具合だからである。一九九八年成立の特定非営利活動促進法は、実定法律の規定の中に「市民」という文言を導入し、「ボランティア活動をはじめとする市民」が「公益の増進に寄与すること」をその目的として掲げた（一条）が、ここでは「市民」は、政治にかかわることを周到に封じられている。この法律で「特定非営利活動法人」と認定されるためには、「政治上の主義を推進し、支持し、又これに反対することを主たる目的とするものでないこと」が要求され（二条二項二号ロ）、さらに、「特定の公職の候補者若しくは公職にある者又は政党を推薦し、支持し、又はこれらに反対することを目的をするものでないこと」（「主たる目的」に限られないことに注意）が求められている（同前ハ）からである。

ことがらは日本だけのことではない。日本とちがい「市民」＝citoyen が実定憲法上の基本概念となっているはずのフランス（一九五八年憲法の一部として扱われている一七八九年宣言は、その標題からして「人および市民の諸権利の宣言」である）で、そのことを承知しながらも後述のようにcitoyen そして citoyenneté という言葉がいわば自在に使われ、その意味が場合によっては逆転されかねない可能性を持つ仕方で議論されているからである。有用であるべき「市民」の観念は、その意味で危うさをも伴っているのではないのか。

「……別して戦後日本で社会科学の世界の中で政治学史の研究者として『市民』という言葉は最も扱いにくく、悩まされつづけてきたものであった」（福田歓一「思想史の中の国家」一九九七年、『デモクラシーと国民国家』岩波現代文庫、所収）、といわれるほどである。そのことを知りながらなお、実定憲法（史）研究者の立場から、日ごろ考えてきたことを以下に書きつづる次第である。

1　「ナショナル」「ネーション」と「市民」

ところで、本書の共通主題は「ナショナリズムとデモクラシー」である。われわれも、「ナショナル」そして「ネーション」をめぐる論点にかかわらなければならぬ。

実際、デモクラシーの構図の機能不全は、「国民」主権を掲げる近代「国民」国家という枠組のもとで起きていることがらである。したがって、それへの対処として「市民」シンボルが呼び出されるとき、議論がつぎのように向かってゆくのは自然でもあろう。――デモクラシーは「ナショナル」な国家という形態のもとで展開してきたが、それがうまくゆかぬ以上、いまやデモクラシーを「ナショナル」なもの、「国民」的なものから切り離し「市民」によって基礎づけ直そうではないか。――

本稿は、そうした脈絡でとりあげられる「市民」論を批判的に点検しようとするのであるが、そこで問題にするのは、「民族主義」と訳される意味での「ナショナリズム」ではない。「民族的」と訳される意味での「ナショナル」ではない。血と土 (Blut und Boden) という標語が連想させるような、「内」の一体性を強調し排「外」に傾くそれを問題にするのではない。

「ナショナリズム」そして「ナショナル」という用語は、意識的であれ無意識的であれ、混用されてきた。Etat-nation, Nation State は「民族国家」なのか「国民国家」なのか。この点については、はやくから丸山眞男によって、「ナショナリズム」＝「国民主義」というとらえ方が示されていた（「国民主義の『前期的』形成」一九四四年、『丸山眞男集　第二巻』岩波書店、所収）。「Nationalism はまた民族主義と訳されるが」と断ったうえで、しかし「近代国家が近代国家として存立していくための不可欠の精神的推進力」となってきたのは「個人的自主性の主張と不可分に結合している」ナショナリズムであり、それは「国民主義」なのだ、と言うのである。そしてそのような文脈での「個人的自主性」の主体こそが、ここで問題にしている「市民」＝citoyen にほかならなかった。

それと同じ意味で、加藤周一が第二次大戦後のはやい時期に「アジア・アフリカの旧植民地（または半植民地）の国民主義的な自覚と、それに伴なう独立運動の拡がり」を語っていたことも、注意しておきたい。一般にはA・Aの「民族主義」が言われていた時期にあえて「国民主義」という言葉を選んだのは、それこそが「しばしば密接に民主主義的・人間的自覚とからんでいる」と見てとっていたからだったろう（「雑種的日本文化の希望」一九五五年、『雑種文化――日本の小さな希望』講談社文庫、所収、傍点引用者）。

その「ナショナリズム」＝「国民主義」の母国フランスで、あらためて、何組かの対抗言説の交錯が見られる。近代フランスは、個人の意思に基づく契約というフィクションによって説明される人為的な所産としての近代国家に、統合力を託したはずであった。そのフランスがいま、外に向かってはヨーロッパ統合――さらにその向こうにあるグローバリゼーション――に対する関係で、内に向かっては旧植民地出自を中心とした移民人口に対する関係で、みずからのアイデンティティをどう見定めるか。その答えとして、二〇〇七年に成立したサルコジ政権は「ナシオンへの統合および移民省」

(Ministère de l'intégration *nationale* et de l'immigration) を設けたが、政権支持者の間からも、「ナシオンへの統合」はフランス共和国の理念と整合しがたい、統合を言うときは「共和国への統合」(intégration *républicaine*) ではなくてはならぬ、という声があがっていた。この対置関係のなかで「ナシオン」は語源である「ナチオ」＝「生まれ」の語感どおりエトノス (ethnos) の含意で受けとめられ、合意によって取り結ばれる共和国のデモス (demos) としての国民の意味が、それに対抗して想起されたわけであった。

エトノスとしてのフランスのアイデンティティは——そのようなものが成立可能かどうかは別として——、ヨーロッパ統合の進行に対して対抗的に自己主張することになる。他方、共和国＝デモスとしてのフランスは、同じく人為的な構成物としてのヨーロッパと、論理的には整合的な関係に立つことができるはずである。「ブリュッセル官僚の決定による民主主義の欠損」という非難は——実際に乗り越えることの困難は別として——「ヨーロッパ共和国」の運用改善の問題であろう。直面しなければならぬトルコ加盟問題についていうならば、トルコが政教分離を国是としているかぎり決定的な障害にはならないはずである。もとより、実際には論理でなく感情が問題であり、それが、例えばヨーロッパ憲法条約案についての国民投票での「ノン」という形をとることにつながるのであるが。

一方の「民族」主義、他方の「国民」主義をヨーロッパ統合との関係で強調する論者たちは、両方とも「主権主義者」(souverainiste) と——多くは批判さらには揶揄の含意で——呼ばれることがある。にもかかわらず、そこで想定されているものがエトノス＝民族なのかデモス＝国民なのかは、近代＝

個人を前提としているか否かの点で、論理的に決定的にちがうのである。

「主権主義者」以外の大方の論者は、「ヨーロッパ統合のなかのフランス」を前提とする。だがそのうえでなお、狭義のヨーロッパ派と大西洋主義者（atlantistes）という対抗関係がある。かつてイギリスのEC加盟をいったん拒否し、NATO軍事機構からの離脱（NATO本部のパリからの移転をも余儀なくさせた）をあえてしたド・ゴール政権の立場は、典型的な反・大西洋主義のあらわれであった（サルコジ政権によって行なわれたNATO軍事機構への復帰は、与党内を含めていまなお議論を二分している）。「大西洋」主義の是非というとき、具体的にはアメリカ合衆国との距離のとり方が問題であることは、いうまでもない。二〇〇三年のイラク攻撃をめぐって、EU構成諸国のなかで旧ソ連・東欧社会主義圏に属する「新しいヨーロッパ」を持ち上げて「旧いヨーロッパ」＝フランス、ドイツを非難したアメリカの国防長官は、大西洋主義勢力の支持を当てにしたわけであった。その後も、「新しいヨーロッパ」は「ロシアの脅威」に敏感であるだけに、それだけ「大西洋主義」に傾くという方向が見られる。

「ナショナル」＝民族と「ナショナル」＝国民の対置を軸に点在するいくつかの立場のいわば座標の外側に、統合の結節点としてのアイデンティティを論ずること自体に対し、その抑圧性を批判する立場がある。「ヨーロッパ主義に対し、あるいは、例えばヴァレリー、フッサールないしハイデガーにおける、その現代的な定式化におけるヨーロッパ中心主義に対し、極度に批判的であり続けてきました」とみずから述べるジャック・デリダがそうだろう。そのような「脱構築」、「多くの人が正当にも、一切のヨーロッパ中心主義に対する不信の挙措とみなした営み」を推し進めてきた彼自身が、しかし、予知された死を前にして、「ヨーロッパ的伝統のうちの脱構築されうるあらゆるものにもかかわらず」、「ヨーロッパをあたかもその犯罪の場でしかないかのように断定的に断罪する言説」への「憤り」を語り、「おのれを探し求めて」いる「来るべきヨーロッパ」への信念を告白している（鵜飼哲訳『生きることを学ぶ、終に』みすず書房、二〇〇五年、傍点引用者）。

このことは、なんらかの意味での res publica（「公け」の「ことがら」＝公共体）を、それ自体が不可避に伴うであろう抑圧性にもかかわらず、私たちが想定しないわけにゆかないことを示唆するであろう。そして、そのような統合体を構成する個人の存在に思考を及ぼすかぎり、citoyen と呼ばれるであろう個人の存在を想定することになるだろう。そうであればまた、それぞれの種類の res publica がそれぞれに「市民」を想定することになるだろう。

2　原義としての「市民」――ルソーから一七八九年宣言へ

こうしてわれわれは、共通主題にいう「デモクラシー」の問題に立ち戻ることとなった。

「国民主義」＝近代国民国家＝République にとっての citoyen ＝市民の位置は、なにより一七八九年「人および市民の諸権利の宣言」によって、明確にされていた。さかのぼれば、それはルソーが古典古代を念頭に置いて定義したcitoyenに及ぶ。ここで繰り返すまでもなく、彼は、全体として主権者をとらえたときそれをpeuple＝人民と呼び、それを構成する一人ひとりに着目したときそれをcitoyen＝市民と呼んだ。その彼にとって、「われわれは市民（citoyen）となってはじめて人（homme）となる」という連関が重要なのであった。

一七八九年宣言に沿ってその論理を確認しておこう。「あらゆる主権の淵源」が「本質的に国民に存する」（第三条）とされ、正統とされる権力を一手に集中することとなった国家が封建身分制を解体する。そのことによってはじめて、「自由かつ権利において平等なものとして生まれ」る「人」（第一条）を主体とする「人」権、すなわち「人の自然的で時効により消滅することのない権利」としての「自由、所有、安全および圧政への抵抗」（第四条）が論理化される。自由の限界は法律によってのみ定めることができる（同前）が、「一般意思の表明」としての法律は「すべての市民」がその定立に参加する（＝起源の一般性）と同時に「すべての者に対して同一」（＝対象の一般性）でなければならない（第六条）。こうして、主権が「人」権主体としての個人を身分制から解放し、その個人が「市民」の権利を行使して国民主権の内実を形成する、という循環が構想される。

その一七八九年宣言が、現行一九五八年憲法のもとで、違憲審査を担当する憲法院により、法律の憲法適合性を判断する基準としての規範性を承認されて実定法秩序のなかに組み入れられた。こうして一七八九年宣言は、いわゆる「憲法ブロック」（bloc de constitutionnalité）の一部としてとらえられている。したがって「市民」は現に実定法上の概念なのであり、その意味するところは、国民主権の構成要素としての国民個人、そしてより具体的には選挙権を行使しうる有権者にほかならない。「citoyen が単なる『私人』ではない」ことを強調する見地からすれば、それは「政治的主体」「公共人」であり、今日の法令用語に即するならば「『国民』の訳語をあてるべきではなかろうか」という指摘がなされるのは、理由がある（水林彪「近代憲法の本源的性格――société civile の基本法としての一七八九年人権宣言・一七九一年憲法」戒能通厚・楜澤能生編『企業・市場・市民社会の基礎法学的考察』日本評論社、二〇〇八年、所収）。関連して、作田啓一が社会契約論ジュネーヴ草稿の訳文で、「われわれは、国民《シトワイヤン》であったのちにはじめて、まさに人間となり始める」、と表記していたことに注意したい（『ルソー全集　第五巻』白水社、一九七九年、二七八頁）。

「市民」イコール「国民」という定式化は一見ショッキングに聞こえるが、ここまで見てきた論理に従うかぎり、たしかにそうならざるをえない。

その「国民」の量的な人的範囲の広狭は、たしかに相対的でありうるであろう。また、一人一国籍の原則は、いまでは多くの国家によって相対化されている。一定の範囲まで広げられた「国民」を「市民」と呼んで「市民による国家の相対化」を語ることも、論者の用語法しだいであろう。しかし、だからといって、国民「国家」と質的に別の物として市民「社会」がそこに現われるわけではない。公共的存在として res publica にかかわるものが「市民」なのだ、という肝腎の論点から免れるわけではない。

「市民」社会＝「ブルジョア」社会という了解が一般的だったころ戒能通孝がすでに「ヌーッと自生

したものでなく」、「生死を賭して闘ったエリート」としての「市民」像を示すことにより、国籍を基準とした法的範囲の問題とは別の次元で、そのような「エリート」性の如何による「市民」の範囲の広狭という論点を示唆していた（「市民法と社会法」『法律時報』三〇巻四号、一九五八年）。

このような事態を、法社会学者の広渡清吾は、「国民概念に実質的な内容を求める議論（歴史的、文化的要素を決定的に重視する）が国民国家の開放性を制限するのと同様に、新たな『市民』概念になんらかの実質的な基礎づけ（たとえば民主主義と人権への共同の確信）を求めようとすると、それは『西欧的価値への統合』として再び閉鎖性の非難をうけるのである」と描き出している。そのうえで広渡は、「だからといってある人的集団に『まとまり』をもたらすなんらの手がかりも存在しないということになってしま」ってよいのか、と論点を正当に摘出する（『比較法社会論研究』日本評論社、二〇〇九年、一八一頁）。公共社会の構成員としての citoyen という負荷から逃れて、homme としての権利主体となろうとするための論理は、見つかりそうもない。「客人を大切に扱おう」という話ならばもとより別として、本当の意味で開放的な公共社会に向けての構想は、まだ示されていない。

明治期に中江兆民が中心になって編まれた仏和辞書の訳語が、示唆に富む。そこでは citoyen に「士民」「自治ノ都府民」「国士」という訳語があてられ、さらに形容詞的用法として「愛国ノ」という説明があった（宮村治雄『理学者　兆民』みすず書房、一九八九年、二〇四頁以下参照）。そのあとマルクス主義文献の翻訳では「公民」という訳語も有力だった。これらに共通するのは res publica にかかわる個人、という性格を実質において表現しようとする意図だったであろう。国家——人倫（Sittlichkeit）の表現

――と「市民社会」――欲望の体系としての bürgerliche Gesellschaft――の対置図式になじんできた日本社会では、「市民」という訳語とともに連想される citoyen という言葉がもともと担っていたはずの公共的性格を、さかのぼって想起することは、とりわけ重要なのである。

3　権利主体としての「人」と「市民」

実定憲法思想の系譜にあって citoyen は、近代憲法の二つの基本原理である主権と人権の、さきに確認した循環図式のなかに位置を占めるものであった。いまデモクラシーの機能不全が言われるとき、それはそのような図式の循環不全という見方から観察することができるであろう。

もともとは、つぎのようになるはずであった。――

主権の成立によって、それも、身分制の基礎を否定し切ることができなかった君主主権にかわり一体としての国民が主権を掌握することによって、身分制から解放された「人」一般という論理が登場する。主権と人権の論理の結びつきはフランス憲法史・憲法思想史において特に際立っており、歴史過程としてはむしろ、フランスだけに特有のものであるようにすら見える。その点はしかし、特殊にフランス的なあらわれ方をした定式が、近代憲法の論理を典型的に示している、と私は理解する。日本国憲法の説明を含め、近代憲法の説明のさいになんらかの仕方で主権と人権に言及するのが常であるのは、そのことの反映である。

国家＝国民の主権によって制定された「人」一般を担い手とする人権は、しかしその主権に対抗する「国家からの自由」として、法秩序のなかに位置を獲得する。公権力から自由な空間で、自由の主体とされる「人」は、みずからの生をみずから決する自律的な存在であることが期待される。出発点において抽象的な次元で自律的であることを想定された人間像（一七八九年宣言）は、公教育という媒介項（一八八一年ジュール－フェリー法）を得て、さらには「人」と「人」との間で自由に取り結ばれる関係（一九〇一年アソシアシオン法）のなかで陶冶される可能性のもとに置かれることによって、「市民」としての実質を備えるものとなるはずであった。「人」として各人が選びとる信仰の自由は保障される一方で、宗教による「市民」への影響を断ち切るために、熾烈な政教分離闘争（その帰結としての一九〇五年法）が必要とされた。

そのような「市民」は投票によって代表を議会に送り出し、「一般意思の表明」としての法律をつくらせるだろう。選挙の過程、そして議会での討論は表現の自由が保障されるなかで展開し、そのことによって、政治過程でのいっときの敗者も、つぎの選挙を通して明日の勝者となることが可能とされるであろう。

このような循環を繰り返す外側で、政治過程から独立した地位にある裁判所が、国家からの自由の侵害を事後的に回復することを主な任務として設けられる。その仕事は、一般意思の表明としての法律を具体的な紛争にあてはめて解決するという意味で、消極的かつ受け身のものとして受けとられる。——

こうした循環図式は、時代と時期によってある程度まで実際に動いたし、反対に破綻に瀕しもした。いちばんの大状況についていえば、「人」一般という想定に対する最大の挑戦者としてこの図式をたえず脅かしてきたのが、「階級」であった。国際規模の要因も加わって、デモクラシーは二つの世界大戦の試練をくぐりぬけなければならなくなるが、一九四五年以後の世界は、あらゆる欠陥にもかかわらずデモクラシーにかわる解決策はありえないという教訓を引き出した。その教訓は一九八九—九一年のソ連・東欧社会主義の解体によって、さらに確認されたはずであった。それどころか、「市場経済」と組み合わされたデモクラシーは、疑いのないほど自明な正統性を獲得したと目されたはずであった。

しかし、その後の世界を見渡してみてどうであろうか。なにより「人」権主体であるべき自律的人間像の想定はあまりに空しくなっていないか。一方で利己的行動の横行を憂うる立場から「個人主義」の過剰が非難され、他方で個人を囲い込んでゆく宗教ないしそれと類似の単位による公共社会の分断状況が進行し、communautarisme（「共同体割拠主義」と訳しておく）の危険が警戒されることになる。前者についていえば「市場」＝カネ、後者についていえば宗教という、それ自体としてはその公共社会にとって意義を持つはずの要素が、公共社会を乗っ取ってしまいつつあるのではないか。そのような要素をコントロールすべきはずの国家は、退場してよいのか。

政治部門への不信から、裁判所の出番がふえてくる。しかし選挙という正統性根拠を持たない裁判所が自分の解釈するかぎりでの「憲法」を基準として、自分よりも強く主権者意思という権威を援用できるはずの議会の立法を無効と判断することは、「裁判官統治」という非難に十分答えることができるのか。違憲審査と民主制の緊張関係という難問を別にしても、統治者の政治責任を――最終的には選挙を通して――問うという本来のあり方が機能しないことの代替的役割を民刑事裁判による責任追及が引き受けるという傾向（典型的には、政財官界の腐敗への責任追及）は、好ましいことなのか。そういった傾向は公共空間でますます重要な存在となる裁判官の責任性をどう確保するか――番人の番をするのは誰か――という危険な問いを触発しているではないか。

4 「国家ぬきの市民」？

あらためて「市民」が呼び出されているのは、そういうなかでのことなのである。「あらためて」と言うのは、〃主権→「人」権→「市民」の権利→主権〃という循環が作動しない状況への対応として、にもかかわらずその環のひとつである「市民」が、思い出されているのだからである。対応の仕方は二つに分かれる。

第一は、そうした逆説的な状況を十分に認識しながらもあえて、「市民」の公的性格を重ねて強調する立場である。それはしばしば、「人」と「市民」の緊張した、しかし不可欠な連結関係を俎上にのせたうえで、「人」権批判の言説を展開する、というあらわれ方をする。国家からの自由な私的空間を享受しつつもっぱらホモ・エコノミクスとして振る舞うことを「人」権と「個人主義」の過剰として批判対象とし、それに対して公共空間を担う「市民」像を対置するのである。この立場はまた、裁判官が「法の支配」「法治国家」の名において公共空間での活動場面を広げる傾向に批判的であり、そのような傾向が「市民」による自己統治にとって消極的な効果をもたらすことを警戒する。こうしてこの立場は、「市民」という言葉がもともと担っていた意味を確認し、同時に、いま時点で現に存在するres publicaとして最も基本的かつ有効な存在である国家――領域と人的範囲によって他の国家と区別され、制限に服するとはいえ主権を備える――に即してその「市民」（＝前述の意味で「国民」）にふたたび戻ろうとする。

第二は、「市民」と国民を切り離そうとする――あるいはしばしば、「市民」＝「国民」という原義に無頓着なままそれとは別の意味で「市民」を考えようとする――立場である。フランスの憲法・法哲学者エリック・デモンの近著は「国家に対抗するcitoyrnneté」「国家ぬきのcitoyenneté」として、そのような主張を紹介する（Éric Desmons, *La citoyenneté contre le marché ?*, PUF., 2009）。彼の場合、国家というres publicaを前提としてこそcitoyenが語られてきたはずだという論議を背景にしたうえでのプレゼンテーションであることは、注意しておきたい。

そのうち「国家に対抗する」とされるものは、実は、国家を前提とする「市民」像がすでにその内側に含んでいるはずだ、と言っておこう。「諫争」の論理（丸山眞男）から「市民的不服従」と抵抗権にいたるまで、われわれはその例を知っている。citoyenとしての個人は、みずから定めたものとはいえ法律に従う者(sujet)としての個人であると同時に、「諫争」と「不服従」をあえてすることによって公共社会の正統性をかえって裏づける存在として、公共空間にその場を占めているはずであった。それに対し「国家ぬき」で「市民」を語るとなると、それはたしかに、これまでの議論の枠を越える。そして、それならそれでつぎのような問題にわれわれは直面する。

「居住に伴う市民としての性格」(citoyenneté de résidence)「社会的な市民としての性格」(citoyenneté sociale)という定式化によって行なわれる主張がある。グローバリゼーションの進行に伴い、もっぱら経済的理由ゆえにやってくる——やってこざるをえない——国籍非保持者の処遇にかかわって提起されるそのような「市民」資格の意味づけは、問題提起者の主観的意図とはおそらく逆に、「市民」の観念を市場の支配にゆだねる論理を含んでいるのではないだろうか。

以上、大別して二つに整理したうちの第一の立場は、「人」権の過剰を批判して「市民」としての地位を強調するのであり、その強調の程度の強さに応じて、「市民」の地位は、たしかに、権利というよりは義務の性格をそれだけ強く帯びることになろう。第二の立場は、だからこそ「市民」の観念からそのような性格を抜き取ろうとして、「市民」の意味転換をはかり、そのことによって、実は前述のように予期せざる効果をも伴うおそれを含むことになっているのである。

もともと「人」権主体と「市民」の構造連関は、一方でcitoyenがhommeを呑み込む危険(「全体主義の元凶としてのルソー」という非難)、他方でhommeがcitoyenの公共精神を喰らい尽す危険（「個人主義の過剰」という非難）、という緊張関係に立つものだった。紙の上で人を納得させる適度の処方箋はない。

5 「市民」についての二つの対抗関係

citoyen 概念の母国フランスを主な素材として、しかし広く共通する問題性の見通しのもとに、考えを進めてきた。特定的に日本にかぎっていえば、どうだろうか。

日本国憲法のもとでデモクラシーの実質化をめざすさいには、res publica としての国家の想定を前提としたうえで、これまで確かめてきた意味での「市民」を議論の出発点とすることができるし、またそうすべきだというのが筆者の考えである。法令用語としては、「すべて国民は個人として尊重される」（憲法第一三条）という意味での「国民」なのであるが、「国民」という用語は「主権の存する国民」（同第一条）という意味でも使われるから、そういう「国民」――集合体として権力の帰属点とされる「国民」――ではないということを明確にするために、「市民」と呼ぶ。

そのような立場は正反対の二つの立場によって挟み打ちされている。誰の目にも明らかなのは、「市民」ではない「国民」、さらには「国家」を掲げる立場との対抗である。ここで「国民」とは全体としての国民であり、多くの場合、その実質は実は単数形の民族である。その実体は、「国民主義」

でないどころか、「国家主義」ですらなく、端的に民族主義という意味でのナショナリズムにほかならない。そこで掲げられているのはデモスとしての国民ではなく、エトノス＝民族である。この立場にとって、日の丸も君が代も、国家や国民ではなく民族のアイデンティティ、「民族のＤＮＡ」の象徴なのである。そこには、近代国家の人為性を認識していたからこそ、その「機軸」を——「人心を帰向せしむ」べき「宗教なるもの」が「其力微弱」と見てとったがゆえに——皇室に求めた伊藤博文のリアリズムすら欠けている。「明治以後の、ステイトと呼ぶべき、法による国家ができたときも、日本はネイションではないネイション（nation）を引きずっていたわけです。ナチュラル、ネイティヴと同じような語感のネイションですね。……そういう気分をステイトをつくるときにスッキリさせなかった」という司馬遼太郎の指摘は、いかにも適切であった（『対話集・東と西』朝日新聞社、一九九〇年）。

もうひとつの対抗関係は、これまでのところ、必ずしも明確な議論の形で浮き彫りにされてはいない。およそ res publica による成員の統合作用自体が抑圧効果をもたらすことを批判する立場との対抗関係がそれである。この立場は citoyen の原義から離れ、まさしく「国家なき市民」という意味で、「市民」を語る。この立場が日の丸、君が代を拒否するのは、それらが「民族主義」の象徴となっているから、あるいはそれが背負う歴史的過去ゆえにだけではない。より本質的に、なんらかの res publica の象徴そのものが統合機能を期待されていることそれ自体を拒否するのである。それはそれとして成り立ちうる立場であろう。ただし、最晩年のデリダが「脱構築」に徹しようとしてなお「来るべきヨーロッパ」に立脚点を求めることができたのに対し、日本の「脱構築」にとっての立脚点となりうるのは何であろうか。

［参考文献］

樋口陽一『憲法という作為――「人」と「市民」の連関と緊張』岩波書店、二〇〇九年。

丸山眞男「日本における自由意識の形成と特質」一九四七年、『丸山眞男集　第三巻』岩波書店、一九九六年、所収。

ルソー「社会契約論」作田啓一訳、『ルソー全集　第五巻』白水社、一九七九年、所収（翻訳は数種がある）。

繋ぐものと距てるもの——ナショナリズムとデモクラシーの環

山室信一

1　ナショナリズムとデモクラシーの境位

一九一七年四月、アメリカ大統領ウィルソンは第一次世界大戦に参戦する理由を挙げるなかで、対独戦争を「デモクラシーのための戦い」と位置づけた。これはアメリカ政府が公式声明のなかで初めてデモクラシーという言葉を自らの政策の正当化のために使用した事例といわれている。トクヴィルによるアメリカ民主政治への称賛にもかかわらず、権力を掌握した指導層にとって自己の行為を拘束するデモクラシーは称揚すべきものではなかったし、また国民から見てもデモクラシーは身分的専制者に代わって「選挙された専制者」が支配するにすぎないという側面があったからである。しかし、そのウィルソンがレーニンに対抗すべく民族自決主義を唱道したことによって、デモクラシーは植民地からの解放と独立をめざすためのスローガンとして、またそれ自体が獲得されるべき目標としての価値をもつこととなっていった。

　他方、第一次世界大戦が国民総動員を必要としたことの結果として、女性参政権を含む普通選挙権の普及は押しとどめがたい趨勢となって、大衆デモクラシーの時代を招来した。その大衆デモクラシーが一方ではファシズムを生み、それに対抗するための資本主義体制と社会主義体制における二つのデモクラシーの抗争を経て、現在、多くの社会でポピュリズムに流されるデモクラシーの衰退が懸念され、さらにはデモクラシーそのものへの懐疑さえ芽生えてきている。しかし同時にまた、多民族国家や軍事政権下にある国家においては、根強い民主化要求が続けられており、ひとしなみに「ポスト・デモクラシー」を語ることができないことも事実である。

　また、ナショナリズムについてもグローバリゼーションの進行のなかで、もはや言説やイデオロギーとしての動員力をもちえない「ポスト・ナショナリズム」社会が訪れつつあるとともに、そうであるがゆえに弛緩しつつある国民統合を束ね直すための箍《たが》として愛国心（愛国主義）の再編強化をめざす社会もある。さらにデモクラシーとの結びつきにおいても、国境横断的なヒト・モノ・カネの不断の交流のなかで、在留外国人への選挙権問題をめぐって国籍や居住という事実が参政権といかに結びつくべきかという問題が政治的争点として浮かび上がってきている。

　それでは、このように複雑で対極的な相貌が混在するデモクラシーとナショナリズムを現時点において問題とするとき、いかなる局面に注目すべきなのであろうか。

2　国民国家と国民帝国

さて、デモクラシーという概念は、人々の社会生活における意識や、行動における方向性として使われる場合から一定の政治原理や意思決定システムを指して使われる場合まで、きわめて多義的に使用されている。そして、その多義性ゆえに反対者を沈黙させるための「最後の切り札《デウス・エクス・マキーナ》」として機能することにもなっている。他方、ナショナリズムもまたアイデンティティの問題として、きわめて内面的で多義的であるはずの問題であるにもかかわらず、自らに同調しないものを排撃し沈黙させて一元化を強要するための「最後の切り札」として機能してきた。こうした多義的概念を一義的に限定することは、かえって問題を混乱と不毛さへと導きかねないが、いちおう、デモクラシーとは政治的参与のあり方と意識の問題であり、ナショナリズムとはいかなるコミュニティや社会をアイデンティティの対象として考えるのか、という問題として捉え直すことができるだろう。

そしてナショナリズムにせよデモクラシーにせよ、主権国民国家という国制を前提に議論されてきたが、それ自体を問題として再考する必要があるのではないか。なぜなら、イギリス、フランス、アメリカそして日本など現実に存在していたのは、国民国家であると同時に植民地を領有する帝国であり、そこには異なる民族が組み込まれていたために、統治する国家の側と統治される植民地の側においては、ナショナリズムもデモクラシーも当然に異なる意義をもっていたに違いないからである。なによりも、国民国家そのものが実態としての「多民族一国家」を「一国民一国家」というフィクションに鋳直すための装置であった。それでは、現実に存在した国制は、いかなるものとして概念化されるであろうか。

私はそれを「国民帝国」として捉えているが、いま必要な限りで概括しておけば、まず第一テーゼとして「国民帝国は世界帝国と国民国家の拡張でもありつつ、おのおのの否定として現われるという矛盾と双面性をもつ」ことが重要な特徴となる。次に、第二テーゼとしては「その形成・推進基盤が私的経営体からナショナルなものに転化していった」ことが挙げられる。ただ日本においては、その形成・推進基盤は軍部にあり、それがナショナルなものに派生、転化していく点で異なっていたことに注意を促したい。また第三テーゼとしては「世界体系としては〝多数の帝国が同時性をもって争いつつ手を結ぶ〟という競存体制にならざるをえない」ことが指摘できる。そして、第四テーゼとして「本国と支配地域（植民地）とが格差原理と統合原理に基づく異法域結合として存在する」ことが重要な意味をもった。さらに、第五テーゼとして「国民帝国システムから被支配地域が独立するにあたっては国民国家という形式をとらざるをえなかった」ことを付け加えることができるであろう。それは国民帝国そのものが国民国家としてのあり方やデモクラシーの意義を否定できなかったことを逆手にとることでもあった。

こうした概念化はあくまで理念型にすぎず、当然、実際の国民帝国のあり方には偏差が現われる。

そのことを前提にし、各国間の偏差を見出すことを通して、それぞれの帝国の固有性を明らかにしていくための作業仮説として設定したものである。しかし、この概念は日本を含めて多くの帝国が形成されていく過程が、国民国家を形成していく過程とほぼパラレルであったという事実に着目し、そこにおける国民国家形成と帝国形成とがいかなる相互規定性をもっていたかを考察しようという企図に発している。それは主権国家間の「国際関係」として世界秩序を捉えてきた従来の見方に対して、主権国家のみならず植民地や従属国などの圏域を含むすべての統治体制がトータルに創り出すグローバル秩序として近代世界体系は成り立っていたという見方を対置するものであり、また国民帝国の本国（メトロ）とそれぞれの植民地の関係、複数の植民地間の関係などを視野に入れる点で、本国と植民地との二極間関係の束としてのみ捉えてきたこれまでの帝国研究とは異なる視角で迫ることを課題とするものである。

いずれにしてもこの国民帝国概念に照らすとき、現在のアメリカや中国もまた異法域結合たる国民帝国として存在していることになる。例えばアメリカは五〇州のほかに、北マリアナ諸島などの自治領やグアムなどの自治的未編入領域があり、さらに法的にはアメリカ議会によって自治法が制定されていない非自治的領域ではあるが、一九六七年の自主憲法制定以後は実質的に自治的未編入領域である米領サモアなどを含む異法域結合であり、立法権や納税義務などにおいてそれぞれ法的差異が設けられている。同様に、中国もまた単に多民族複合国家であるというにとどまらず、異法域としての自治区域の結合という意味でも国民帝国の一類型と見なすことができる。すなわち、中国で認定されている五五の少数民族には居住区域が定められており、省レベルではチベットや新疆ウイグル、内モンゴルなどの五大自治区、州レベルでは延辺朝鮮族自治州など三〇の自治州があり、このほか多数の自治県があるなど民族自治地域の総面積は国土の約六〇％に及んでいる。自治地域では、区域内だけで通用する法令制定権があり、独自の言語使用も認められている。もちろん区域内に限定された法令が制定されるとしても、それは実質的には共産党の認可の下でおこなわれるものであり、自治的な決定権があるわけではない。つまり、ひとつの主権国家内において異なった法令が適用される空間とその対象となるエトノスが存在していることを意味している。

いずれにしてもこうした国制が現存することは、アベ・シェイエスが「国民《ナシオン》とは何か。共通の法の下に生活し、同じ立法機関によって代表される共同生活体である」（『第三身分とは何か』一七八九年）という定義を与えたような国民国家＝主権国家の集合として考えられてきた国際体系が、歴史的にも現実的にもあてはまらないことを示唆する。

3　トランス・ナショナル・デモクラシーの模索

ここであえて国民帝国を取り上げたのは、国民国家における今後を考えるにあたっては国民国家形成以前の帝国の構成との異同という問題にあらためて目を向ける必要性があること、さらに国民帝国という歴史的体験のなかで現われた異法域間の統合原理に今後の思考のためのなんらかの糧を見出しえないかを問うためである。

そこで中国を事例に挙げてみれば、辛亥革命以前の中国王朝の形成原理として「華夷内外の弁」という格差原理と「大一統（一統を大《たっと》ぶ）」という統合原理があった（ただし「大一統」においても、民族間の優劣は前提とされていた）。そして、滅満興漢や排満をスローガンに掲げた民族革命であった辛亥革命においては、多民族を包含する家産帝国であった清王朝の版図と統合原理を継承しながらそのまま国民国家として再編成するのか、あるいは民族ごとに分かれてそれぞれが国民国家形成を図るのか、という二つの方向性がありえた。そして、結果として前者の方向性を選択することになった中華民国は、その建国宣言と臨時約法において、漢族・満洲族・モンゴル族・回族（ウイグル）・チベット族の五族を平等に扱うことを前提にした「五族共和」を唱えたが、それは必ずしも五族だけを中華民国の主権者としたわけではなく清王朝の版図内にあったすべての民族の人々を「一律平等」に国民として扱うことを意味するはずであった。しかしながら、漢民族の民族革命としての革命を企図してきた孫文はこれに反対し、「中華民族」概念を創唱することによって実質的な漢族化をめざす同化策を推し進める方針をとった。さらに、一九二四年に発表された「三民主義」のなかで、孫文は中国人がアイデンティティの対象としてきた家族や宗族より以上に一人ひとりが国家の利益に奉仕し、国家意識をもたなければならないことを強調する意味で「国族主義」をもつことを訴えた。民族という単位に着目して、諸民族をひとつに統合する中華民族ではなく、個々の中国人としての意識を内面化させて団結を図るのが「国族主義」とみることができるであろう。これを承けて二九年に蔣介石は「中華国族」概念を提起しているが、意識としての漢民族優越主義が基底にある以上、こうした「国民」概念によってエトノスという閾を越えることはできなかったというのが事実であろう。

他方、辛亥革命を契機としてモンゴルやチベットが独立に向けて動き、新疆ウイグル地区においても東トルキスタン独立の志向がいまに至るまで絶えることがないだけでなく、それぞれの地域における漢民族の流入による漢化と経済格差の顕在化への反発が生じている。しかしながら近年、多数の死傷者を出しているチベットやウイグルの〝騒乱〟に対する武力鎮圧の実相に対しては、国際世論の批判も厳しいものの、少なくともウェストファリア体制を前提とした国際法上の対応としては内政問題として人道的介入も困難であるというディレンマがある。民族自決原則は、国際連盟においても国際連合においても、あくまで植民地からの独立という次元に限られてきており、一国の主権内における民族の分離独立を基本的には承認しないのが国際的慣例となっているからである。さらに、もしウイグル民族の自決を認めた場合においても、自治区に居住するその他の少数民族の自決要求をいかに反映するのか、どこに分離の基準を設定するのかという難題が控えている。

民族問題は民族が問題なのではなく、問題があるから民族対立が争点化する、という見解があるが、たしかに、チベットにおいても新疆ウイグル自治区においても漢族の大量移入とそれによる貧富の格差が日々に拡大しているという経済問題があり、それにともなって出稼ぎを強いられた人々が新たな職域において民族差別にあい、それへの抗議がさらなる弾圧行為を生むという悪循環から逃れられない局面にある。これに対して想定される解決策としては、政治的には自治の範囲を拡張し、経済的格差を解消していく方向が現実的なものであろうが、それはじつは背反する側面を含む。すなわち、自治とは地域住民やエトノスによるデモクラシーの発現形態ではあるが、必ずしも完全なる自己決定としてのデモクラシーを意味しない。とりわけ、共産党の指導が貫徹している限りでの中国における自治が「指導されるデモクラシー」から自由になることにはありえないし、逆に市場主義によって生じた経済的格差を解消していくためには強力な統制と介入が必須の要件となる。こうした民族問題に関して、胡錦濤主席は二〇〇三年三月、「各民族が共に団結して努力し、共に栄えて発展しよう」という「二つの共に」を呼びかけ、団結と共栄を掲げてはいるが、具体的な施策が提起されているわけではない。少数民族には、わずかな優遇の陰で巨大な搾取が構造化されているという反発が根強くある。こうした問題が一挙に解決されることはないにしろ、これまでもしばしば中国内で論じられてきたような異法域結合としての自由連邦制や連合政府論によるトランス・ナショナル（エトノス）・デモクラシーが志向されることもひとつの解決策としてはありえないことではない。

4　民族自決と民族協和

ところで、国民国家としての強力な統合を企図する「国族主義」や「中華国族」概念を掲げていた中華民国からの分離独立という形式をとらざるをえなかった満洲国建国において、日本人は初めて多民族複合国家の建設という課題に直面した。その実態が侵略であったことを前提としたうえで、そのイデオロギーと民族政策の次元についてのみ言えば、満洲国建国が国民帝国としての日本帝国にとっての大きな転回点となったことは否めない。

それはなによりも中国における民族自決主義とその具体的要求としての国権回収運動を排撃し凌駕するだけの「建国理念」が不可欠と考えられたからであった。そこで案出されたのが、中華民国における「五族共和」を想到させる「五族協和」であった。これは日本民族・朝鮮民族・漢族・満洲族・蒙古族の五族が、「満洲」という空間で共存する権利をもつことを主張するものであった。しかし、「満洲」からさらに「満蒙」へと支配空間を拡張していくにあたっては、五族に限らず多くの少数民族との共存も呼びかけざるをえなかったことから、「五族協和」は「民族協和」という、より汎用性の高いスローガンに変えられていった。

それまでの日本の植民地拡張においては「内に立憲主義、外に帝国主義」といわれたように、国内におけるデモクラシーは重視されたものの、植民地においては「一視同仁」として被支配者を対等に扱うという統治の論理しか用意されていなかった。これに対して「民族協和」は、支配・被支配という関係以前に民族という存在を「岐視」しない、すなわち異なったものとして見ないことを謳うものであり、そのため現実に存在した食糧配給の差別を撤廃するなどの実践を促したことも事実であった。私がインタビューした満洲国関係者が異口同音に強調されたのが、自分たちが試みた民族協和こそ二一世紀の国際的指針として日本人が提唱できる歴史的遺産であるとの見解であった。たしかに、個人的には民族差別を克服することに真摯に努力された方も少なくなかったことは中国人やロシア人による証言もある。また、「民族協和」を国是としたことによって中高等教育において各民族に門戸を解放せざるをえず、それによってのちに韓国の大統領となった朴正熙らのキャリアが示すように朝鮮半島では不可能であった就学の道が開かれていったことは否定できない。また行政機構においてもトップには中国人を充てることが慣例化されたし、地域や職場の要求に対しては日本の大政翼賛会のモデルとなった協和会が議会に相当する各種の連合協議会を開催するなど、民族の相違を越えた意見の交流の場を提供したことも事実であった。もちろんその連合協議会は、決定方式においては「衆議統裁」というナチスに範をとった「上意下達」機関にすぎず、各民族の不満のガス抜きという以上の意味をもちえなかったが、形式的にせよ各民族の合意を調達する必要に迫られるなかで案出されたトランス・ナショナルあるいはトランス・エスニックなデモクラシーを模索する試みの一形態であったとは言えるかもしれない。

さらに、「民族協和」という観念は、それまで中国・朝鮮・日本という東アジアを基盤とするリージョナリズムとしてあったアジア主義を、イスラーム圏をも含む大アジア主義へと展開させる契機ともなった。そのことを象徴的に示すのが、満洲国建国一周年を期して下中弥三郎らによって結成された大亜細亜協会である。その機関誌「大亜細亜主義」には、中央アジアや東南アジアをはじめ北アフリカに至るイスラーム世界に関する情報が掲載されるなど、日本のアジア諸民族への視圏は一挙に広がっていった。さらに、今岡十一郎らが唱道した汎ツラニズムに接合することによって、「民族協和」は南北軸としては「満洲国から蘭印（インドネシア）まで」、東西軸としては「ブダペストから東京まで」の空圏を統合するためのスローガンとなっていったのである。

もちろん「民族協和」の実態は、関東軍が満洲国統治の方策として創案した「内面指導」という軍事力を背景にした自己決定としてのデモクラシーの否定にすぎなかったし、この方式は日本の支配地域拡大とともに中国各地における傀儡政権に遷移しただけでなく、本国日本における言論統制や物資統制のための基本手法として還流し、その影響は現在の官僚支配にも残っている。また異民族統制に関して看過できないのは、北アフリカまでを研究対象とした東亜研究所が刊行した『異民族の支那統治史』であり、異民族がいかに中国を支配してきたのかを学び取る歴史研究の必要性が意識されていた事実である。一方で朝鮮における自治要求などを圧殺しながらも、他方で民族自決主義が普及する地域を新たに支配していくためには形式的にせよ異民族の合意が必要であることは意識されていたのである。

さらに、日本帝国全体としてみれば、例えば朝鮮を台湾よりも上位に置き、さらに中国や南方支配地域においては台湾を上位に置くなど、次々に劣位者を生み出すことで民族意識における劣等感を解消させていく方策がとられた。こうしたナショナリズム間の相克を煽り、それを植民地間の格差意識によって解消するという一種の民族分断主義統治は、多くの国民帝国に見られた民族政策であったが、そのなかで「民族協和」意識も一部の例外を除いて民族共存の論理としてではなく、日本人の異民族についての無意識過剰と指導民族としての自意識過剰を覆い隠すための帝国的ナショナリズムとして機能していった。こうした民族序列意識や帝国意識からの脱却こそが帝国と植民地の双方における脱植民地過程において問われてきたはずであったが、はたしてその課題は今日、達成されているのであろうか。

5　トランス空間におけるナショナリズムとデモクラシー

このような国民帝国の内部におけるトランス・ナショナル（エスニック）な試行と歪曲に対して、それを是正するための力学は帝国外部からしか働く余地はなかった。そのため韓国併合後、ロシアや中国に朝鮮民族独立運動の拠点がつくられ、アメリカ西海岸では在留朝鮮人による独立運動がおこった。これらの在外組織は、一九一九年九月に上海臨時政府を中心に統合されたが、三八年の上海陥落以前に上海を離れたのち重慶に移り、韓国光復軍を創設して日本に宣戦布告、四五年八月に韓国に凱旋している。

また、満洲国において中国共産党の指導する東北抗日聯軍で朝鮮人パルチザン部隊を率いていた金日成らの満洲派は、国境を越えて朝鮮領内を襲撃するなどの戦果を挙げたものの、激しい討伐にあってソ連に拠点を移し、ソ連が創設した民族旅団のひとつであった第八八独立狙撃旅団において活動、戦後帰国して「遊撃隊国家」と称される北朝鮮を指導することとなった。

このような事態は、内政不干渉というウェストファリア体制において余儀なくされたことでもあり、現在でもこの形態がナショナリズムとデモクラシーにおける制約と自由という両面で重要な意味をもっている。すなわち、直接的な人道的介入は内政不干渉の原則ゆえに否定されるが、その原則ゆえに他国の領域における政治活動に対して干渉もできないからである。一九八九年六月の天安門事件以後、国外に移り住んだ人々などによる中国民主化運動は現在も続いているし、当時、運動のリーダーであったウイグル族のウーアルカイシ氏はアメリカから台湾に移り当時の学生運動指導者の帰国推進運動を進めている。そこでは八九年三月のチベット弾圧が六月の天安門事件を招いたとの認識から民主化運動と少数民族問題への対応が一体不可分のものと捉えられている。

これに対して中国政府は、これらの民族分離活動がインドにあるチベット亡命政府や各国にある亡命ウイグル人組織「世界ウイグル会議」などの煽動によっておこなわれたテロ暴力であり、国内にはそもそも騒乱の原因は存在しないとの見解を表明してきた。その反面、ダライ・ラマ一四世や「世界ウイグル会議」主席のラビア・カーディル氏が他国を訪問することを極度に警戒し、入国拒否を当該政府に強く要請し続けている。他方、アメリカ政府と議会は、政府予算で運営される「全米民主主義基金」を通して「世界ウイグル会議」などウイグル族組織に対して二〇〇八年までの五年間に計一六五万ドルを援助しており、少数民族問題と民主化問題を表裏一体のものとみながら、人権保護の立場から外交的衝突を避けつつ間接的な支援を与える対応をとっている。

こうした故国や生地を離れた地点から、故地や本国に向けて働きかける民族解放運動を遠距離《ロング・ディスタンス》ナショナリズムと呼ぶとすれば、それは資金援助などのほか他国政府への援助要請などとともに、ネット社会において情報伝達による国際世論の形成という形で大きく機能しはじめている。例えば二〇〇八年のチベット騒乱やミャンマーでの市民に対する軍事力行使において、さらに二〇〇九年の新疆ウイグル自治区での騒乱においては、市民が撮った映像やウェブサイト「祖国ウイグル」に掲載された被害者数がネットを通じて全世界へ発信されることによって、言論統制やネット規制などにもかかわらず、政府が「公式」に配信する情報と実態とのズレが確認された。もちろん、ネットで配信される市民が撮った映像や肉声が実像であるかどうか確認する術は多くの場合はないし、それが普及していくためには仲介となる集団の存在が不可欠となる。そこに作為や操作が働く契機は当然にあるが、IT社会においてはネット・デモクラシーとその国際化とでも呼ぶべき機能が国内政治に反射して作動していくことも無視できなくなっているのである。

しかしながら物事には両面性があり、サイバー空間はまた激発するナショナリズムが自己増殖していく危険な空間でもある。二〇〇五年の中国における反日デモへの参加呼びかけはパソコンや携帯メールによって波及していったし、現在でもダライ・ラマ一四世やラビア・カーディル氏の入国が許可されるや否や、それに対して非難や中傷が殺到する事態が頻発している。日本国内においてはその空間のなかで、異なった民族に対してよりも、同じ民族のなかで他民族に対するスタンスの違う異論者を攻撃することに異常なほどの情熱が注がれており、「反日日本人は日本から出て行け」といった表現も生やさしい部類に属するほどの激越な排撃空間となっている。日本に限らずサイバー空間は、「ナショナルな自分」「愛国的な自分」というフィクションに陶酔するための言説装置として機能し、ナショナリズムを口にすることでしか自分のアイデンティティが確かめられないネット・ナショナリズムの温床となっているが、それは実生活において他民族と接することがないという現実の裏返しでもあろう。もちろん公共空間で発言権を渇望している人にとって、サイバー空間が一種のデモクラシー化機能を果たしていることは否定できない。だが対面して議論するのとは異なり、パソコンから発せられる自己陶酔と他者排撃の言説としてのネット・ナショナリズムは、自己主張だけが無限に肥大化していくために歯止めが効かない構造になっている。

こうしたサイバー空間における発論が、現実政治をいかに動かしていくのかは今後とも注視していく必要があるが、もはやネット政治を単なる幻像や空論として斥けることはできないであろう。

6　四つの政治空間層とそのアクター

さて本稿の冒頭で、ウィルソン米大統領が第一次大戦参戦にさいして、デモクラシーの名において内政と国際政治を関連づけて正当化したことを例示したが、国内における自由・平等の精神と国際関係における帝国主義の落差という問題は第一次大戦の講和条件の提示によって大きな転換を迎えた。

この事実を鋭敏な感覚で受け止め、概念化したのが吉野作造であった。吉野は米ソ両国が戦勝国の利害を中心とした従来の講和方式を否定し、無賠償・非併合・民族自決の原則による講和を提唱したことに着目して、内政における自由・平等の民主的原則が国際政治に適用される時代の到来を「帝国主義から国際民主主義へ」（『六合雑誌』一九一九年）とシェーマ化した。もちろん、その転換の指標とされた帝国的関係や民族自決の問題は、現在においてもなお課題として残る。ただここで考えておきたいのは、国際民主主義が個人間に適用される民主的原理を漸次拡張していくことにおいて実現されるとするならば、そしてまた国際民主主義が単なる国家間民主主義にとどまらないとすれば、民主主義が発現する場ないし空圏をいかに考え、その主体（アクター）をどのようなものとして想定するのかという問題である。

民主主義をいかに定義するのか、それ自体議論が分かれるとしても、人民（demos）の権力（kratia）という語義に鑑みれば、権力が二人以上の人間関係において発現するように民主主義もまた二人以上の人間関係において問題となる。ただ政治的次元として問題となる磁場をグローバル・リージョナル・ナショナル・ローカルの四つの空間層に大別することができるとすれば、それぞれの層におけるアイデンティティは、グローバリズム（コスモポリタン）、リージョナリズム（アジア主義、汎アフリカ主義などのパンイズム）、ナショナリズム（パトリオティズム）、ローカリズム（愛郷心）などの現われ方を示す。これらはもちろん、それぞれが無関係に現われるわけではなく、例えばナショナリズムを否定しそれに抵抗するためにグローバリズムやリージョナリズムやローカリズムという立場が選ばれる場合もあるし、逆に自らのナショナリズムの拡張やそれを隠蔽するためにモンロー主義やゲルマン主義などのリージョナリズムが喧伝されることもあった。要するに、ナショナリズムを問題にする場合、それを尊重する基盤とは何か、あるいはナショナリズムを越えるものは何かを問い、そこでのデモクラシーとはいかなる形態がとられるのかという課題に答えるためには、それぞれの空間層において進行している事態について分析していくことが必須の前提となるのである。

いま、ここではリージョンとローカルの空間層の境界領域に限定して概観すれば、そこは竹島（独島）や尖閣列島などにみられるように、排他的経済水域や地下資源などの問題も絡んで「係争対象としての空間」としてまずは存在している。サイバー空間において最も激越なナショナリズムの感情が噴出するのも、この境界地帯をめぐる局面においてである。しかし、そのサイバー空間が容易に国境を越えて影響を与える時代においては、すでに現実空間においても主権国家体系の前提となっていた「排他的不可侵入性」の崩壊が起き、「相互浸透性」の昂進が生じていることにも注意を喚起しておきたい。そのひとつの現われが国境を挟む地帯で進展しているリージョナルな連合である。もちろん、日本においては外交権を中央政府が専権として掌握しており、地方自治体が国境を越えて自治体連合として活動することには制度的障害が存在する。しかし、そうした制度の下でも、北九州市、韓国の仁川広域市、中国の大連市などが加わる「環黄海経済圏構想」も進められているし、六か国（日本、中国、韓国、ロシア、モンゴル、北朝鮮）三九の自治体からなる「北東アジア地域自治体連合」も活動を行なってきた。こうした地方自治体は、一面でいえば日本・中国・韓国・北朝鮮における対立の最前線に立つ地域である。しかしだからこそ、国交がないにもかかわらずローカルにつながり、利害衝突点を利益互恵点に変え、紛争を未然に防ぐ予防外交へと繋げていく拠点にもなりうる。その意味で、地方自治体は境界地域における準外交の主体として機能することが可能であり、ローカルなデモクラシーを通じてリージョナルなデモクラシーを達成していくことにより、トランス・ナショナル・デモクラシーが成立する可能性がある。とはいえ、国境管理を主権国家が独占事項としている限りでは制限を受け、逸脱したと見なされれば禁圧されるため、リージョナリズムがナショナリズムを克服する契機となりうるのかどうかは課題でもある。

そこで注目しておきたいのが、ＥＵのユーロリージョン方式である。ユーロリージョンは、「国境を越えた複数の地方および地域当局によって組織された常設事務局および技術・行政チームを有する連合体」として、伝統的産業保護や中小企業支援をはじめとする経済援助・外国からの投資招請のほか、自然保護・自然災害への共同対処、教育・観光推進のための文化協力などソフト・セキュリティの分野で国境を越えた協力を進めており、相互憎悪の象徴でもあったドイツとポーランドの国境地帯を切断線から相互協力の接合線に変えつつあるなど、トランス・ナショナル・デモクラシーの実現形態として先例になりうるはずである。

さらにグローバルなレベルに目を移すと、そこではデモクラシーよりはもっぱらガバナンスの問題が中心とされているようにみえる。しかしながら、一九九七年に締結された対人地雷禁止条約（オタワ条約）や二〇〇八年に締結されたクラスター爆弾禁止条約（オスロ条約）などに着目すれば、とりわけ前者はＮＧＯ連合体である「地雷禁止国際キャンペーン」がノーベル平和賞を受賞したように、ＮＧＯと有志国が条約締結をリードする事例として貴重な実績を残した。国際条約も大国だけの思惑では決まらず、現地の実情を綿密に分析して市民の声を結集するＮＧＯやＮＰＯなどが主体となってトランス・ナショナル・デモクラシーを実現する方途が確実に開かれてきているのである。

そもそも国連憲章第七一条では、ＮＧＯが社会経済理事会との協議資格をもつことになっており、現在では一五〇〇を超えるＮＧＯに協議資格が認定され、これらの組織は国連会議への出席や発言、書面での意見提出、議題提出権限などが認められて活動をしている。また、二〇〇二年七月に発効した国際刑事裁判所規定においては、「国際刑事裁判所のためのＮＧＯ連合」が大きな推進力となったし、このほか個人による国際機関への申し立て権や国際裁判機関への出訴権を認める方向へと動いている。

こうして、いまや市民のための国際人道法、人間のための国際法を創り出すための新たなルートが生まれつつある。そしてそれは個人の自発性に基づいて活動しているＮＧＯやＮＰＯを媒介として具体化されるのであり、その合意形成過程こそがローカルからグローバルな次元に至るまでのデモクラシーを発現していくプロセスとして立ち現われてきているのである。もちろんそれはいまだ常態とはなっていない。しかし省みていえば、デモクラシーとは制度化されるものではなく、永遠の試行錯誤の繰り返しのなかにしか存在理由を見出しえない本性のものであるのかもしれず、他方、ナショナリズムは主権・国民国家が制度化されたなかでしか存在理由と生命をもちえないのかもしれないのである。

〔参考文献〕

山室信一「『国民帝国』論の射程」、山本有造編『帝国の研究――原理・類型・関係』名古屋大学出版会、二〇〇三年、所収。

山室信一『〔増補版〕キメラ――満洲国の肖像』中公新書、二〇〇四年。

ドン・タプスコット『デジタルネイティブが世界を変える』栗原潔訳、翔泳社、二〇〇九年。

コリン・クラウチ『ポスト・デモクラシー――格差拡大の政策を生む政治構造』近藤隆文・山口二郎訳、青灯社、二〇〇七年。

ナショナルな価値と普遍的価値

村松惠二

1　はじめに

現在のように国際秩序が不安定になり、外交と軍事の比重が高まるとき、ナショナリズム（ナショナルな価値と利益）はとりわけ処理が難しくなる。たとえば、「拉致」被害者への同情と北朝鮮政府への怒りは、まったく自然なものであるが、それは、事態が緊迫すれば、意外と簡単に軍事力の行使（果ては核兵器の保有）を要求する議論に転化する可能性をもっている。

また、グローバル化にともなって、国際政治が国内政治に先行する場面が急増し、各国の主権行使には多くの国際政治上の条件が設定され、政治のあり方に大きな変化をもたらしている。一方では、「グローバル市民社会」論の根拠となるような、ＮＧＯの成功例がある。クラスター爆弾禁止条約や地雷禁止条約の締結は、ＮＧＯと国家（北欧小国）とが連携しつつ、部分的ではあれ成功した重要な例である。しかし、他方では、ナショナリズムがジンゴイズム（好戦的ナショナリズム）に転化し、戦争にまで至る民族対立の悲惨な事例が多数発生している。サミュエル・ハンティントンの「文明の衝突」論を裏書きするような紛争増加の現実があるのである。

さらに、ヨーロッパでは、外国人労働者や難民を攻撃目標として頻発する「極右」的暴力、あるいは外国人排除をスローガンとして掲げる右翼的ポピュリズム政党の台頭を確認できる。ときとして暴力行使をともないながら進行するこの事態が、グローバル化と新自由主義の席捲、EUの成立を背景としていること、各国によって濃淡はあれ、問題の核心にはナショナルな意識と利害が存在することは明らかである。こうした事態をデモクラシーの観点からどうとらえるべきなのか。

ところで、国民（ネイション）形成のさいには、集団としての凝集力・結集力を高めるために、通常は、他の国民との共通性ではなく、自国民の独自性が、すなわち他の国民との差異が強調される。（以下、本稿では、原則として、民族が権力のもとに統一された場合を国民と呼び、国民とネイションとは同義と考えている。）アイザイア・バーリンとともに、われわれは「攻撃的ナショナリズム」と「防衛的ナショナリズム」との違いをむろん無視すべきではない。しかし、他の国民との〈相互依存関係〉や〈共通性〉が意識されないまま、他の国民との差異だけが意識されている限り、状況の変化によって、「防衛的」ナショナリズムの論理は、そのまま「攻撃的」ナショナリズムの論理になりうる。つまり、集団的アイデンティティを確立し、集団としての凝集力を高めるメカニズムは、防衛的にも攻撃的にも機能する点を忘れてはならないのである。多くの碩学の指摘を引くまでもなく、〈ナショナリズムの論理〉は、攻撃的なものであれ防御的なものであれ、あるいは、少数民族のものか植民地主義者のものかに関わりなく、基本的には同じである。

ナショナルな意識のジンゴイズムへの転化は、いかなるメカニズムのなかで生じるのか。政治学の難問のひとつであり、政治思想史のテーマとしては、〈ナショナルな価値〉と〈普遍的な価値〉の関係をめぐる議論の長い歴史がある。以下では、主として、政治思想の観点から、この転化のメカニズムをめぐる議論の素描を試みたい。

2　二つの事例

まず、この二つの政治的価値の関係を、オーストリアにおけるカトリック政治思想のあり方のなかにみてみよう。拙著『カトリック政治思想とファシズム』（創文社、二〇〇六年）において、重点的に考察したテーマのひとつが、この〈ナショナルな価値と普遍的な価値の関わり〉であった。末期のオーストリア帝国ほど、政治において民族問題が大きな比重を占めた国家はなく、オーストリアの思想家たちは、左右両翼を問わず、この問題について思想的営みを重ねてきた。拙著では、カトリック系思想家たちに焦点を絞り、戦間期の「オーストリア・イデオロギー」や反ユダヤ主義をめぐる議論、さらに第二次世界大戦後の「オーストリア国民」意識の形成の問題をめぐって、普遍的であるはずのカトリック政治思想とナショナリズムの関係を考察しようとしたのである。

戦間期には、カトリック系思想家たちは、「オーストリア（文化）の超民族性・普遍性」を主張し、オーストリアという国家のなかでの諸民族の共存を掲げた。しかし、「ドイツ文化の優秀性」という民族的優越意識は、普遍性を強調するカトリック系思想家たちにも抜きがたく染み込んでいた。その優越意識は、中欧での、ドイツ民族の群を抜く経済力・軍事力・科学技術水準によって支えられていた。彼らの意識においては、あくまでもドイツ民族が最高位の指導民族だったのである。そこでは、普遍性が、あるナショナルな価値（ドイツ文化）と事実上同一視され、普遍的価値の名のもとに、ナショナルな価値が強制される可能性を免れなかった。そのために、「諸民族の共存」の主張は説得力を欠き、実現のためのプログラムが形成されることもなかった。この優越意識が、ドイツ民族の生存の危機という〈不安心理〉と結びつくとき、排外主義的なものに変化するのを防ぐのは困難だったのである。

第二次世界大戦後には、とりわけ、ナチ的犯罪の責任を免れたいという事情がきっかけとなり、オーストリアをドイツとは異なる独自の国民（ネイション）と考える「オーストリア国民意識」が確立されてきた。戦後のオーストリア国民論において、オーストリアのアイデンティティとして強調されたのは、オーストリアの〈政治的意志〉、すなわち、民主主義と人権、他民族との共生と永世中立（積極的中立外交）という〈政治的普遍的価値〉の選択であった。この〈政治的意志〉こそオーストリア国民意識を結晶させる核となっているのである。このことは、必然的に、普遍的政治的理念（価値）を共有する人びとによる契約共同体としての国民、という国民概念の採用と結びついていた。この国民概念においてのみ、国民内部における多数の民族の共存が可能となるからである。
たしかに、この普遍的政治的価値は、いわゆる「犠牲神話」（オーストリアはナチ・ドイツの侵略の第一の犠牲者であったという神話）の上にたち、オーストリアの「ナチ的過去」に対する反省を欠いたものではあったが、普遍的な価値の実現をナショナルな課題にするという志向がここで明らかにされた。たとえば、オーストリアの代表的思想家フリードリッヒ・ヘールは、戦間期の「オーストリア・イデオロギー」の思想を引き継ぎつつ、この方向でオーストリアのアイデンティティを形成しようとしているのである（Der Kampf um die österreichische Identität, 1981）。

第二のケースとして、わが国の例を考えてみよう。わが国では、ナショナルな価値と普遍的価値との関わりというテーマは、世俗の権力者の命令と神の命令との関係をどう考えるかという問題として、天皇制下のキリスト者にもっとも先鋭なかたちで現われた。周知のように、われわれは、軍縮を求める大正デモクラシーの雰囲気から、短期間で一挙にジンゴイズムが高まり、太平洋戦争にまで突き進んだ歴史的経験をもっている。

キリスト教界も例外ではなく、もちろん、個別の抵抗はあったが、全体としてはこの「天皇制ファシズム」の政治体制に組み込まれた。宮田光雄『権威と服従』（新教出版社、二〇〇三年）は、近代日本における「ローマ書十三章」の解釈という難解な神学の問題を扱いながらも、ナショナルな価値（天皇制権力の命令）が普遍的価値（神の命令）を呑み込んでしまう過程を綿密にわかりやすく解明している。

そして同書は、ナショナルな価値に呑み込まれないために、絶対者に対する信仰によって「被造物神化」を拒絶し、地上の権威の絶対化を拒否する姿勢を確立するよう求めている。ここでは、キリスト者の「権力への批判と抵抗を含む政治的共同責任」が強調されている。正しい政治的判断は、普遍的な価値（人権・平和・民主主義）をどれほど血肉化しているかにかかってくるということである。

問題は、ナショナルな意識をどう処理したらいいのかということであろう。欧米帝国主義への怒り、英米キリスト教への違和感などは、初発としては、それなりの意義をもつ、キリスト教のあり方をより豊かなものにする（つまりより普遍的なものにする）可能性のあったナショナルな心理現象であった。ナショナルな意識に支えられて、いわば欧米を相対化して、「キリスト教を主体的にうけとる」ことにつながる側面があったのである。その段階では、ナショナルな意識は普遍的な価値によって支えられていたはずであった。

しかし、外交上の敵対関係が昂進するなかで、このナショナルな意識が、「東亜諸民族の協同」や「わが国の権益擁護」、「在留邦人の保護」などのスローガンに呑み込まれ、最後には、多くの西欧主義的知識人まで巻き込んだ戦争賛美の大合唱となり、「一二月八日」の「陶酔体験」に至ったのである。

3　ナショナルな価値と普遍的価値の相克

問題の核心にあるのは、国民意識における、ナショナルな価値と普遍的価値との関係である。普遍的価値とは、民族や国民の違いを超えて妥当する価値、あるいは、諸民族、諸国民が共有できる価値を意味する。理念型的に二つの立場をあげるなら、一方には、諸文化のナショナルな価値の至高性と文化の相対性を強調する立場があり、他方には、普遍的価値を強調する立場がある。

この二つの立場は、「国民」概念をめぐる、周知の二つの型と密接に関連している。第一は、フランスをモデルとした、普遍的政治的理念（価値）を共有する人びとによる契約共同体としての国民という定義である。この定義においては、人種、民族、血統は、二義的な重要性しかもたない。自由な個人によって共有される理念こそが決定的である。第二は、民族ないしエスニシティと同義の国民概念である。ドイツをモデルとしており、祖先から受け継いできた血統、言語、文化、有機的な民族の連帯感が重視される。第一の国民の定義が、普遍的価値を強調する理論と親和性があり、第二の国民の定義が、ナショナルな価値の至高性を強調する理論と親和的であることは明らかであろう。

諸文化のナショナルな価値の至高性と文化の相対性を強調する立場（文化的相対主義）から検討しよう。この立場にたつ論者は、ナショナルな価値はそれぞれ至高のものであり、人類の文化を豊かにするものである、ナショナルな衣装を失った統一的普遍的文化はもはや文化ではない、と考える。その典型として、ここではバーリンのナショナリズム論をあげておこう。フランス的文脈で語られる「差異への権利」もこの文化的相対主義にほかならない。この論理は、諸文化の独自の発展を促し、とりわけ、ヨーロッパ中心主義的な「普遍主義」から、少数派民族集団の独自の文化を保護するためには不可欠である。

しかしながら、この諸文化の至高の価値だけが、普遍的価値と切り離されて強調される場合、それは、諸文化のたんなる並存を主張するにすぎなくなる。それは、少数派民族文化の多数派への同化を拒否する論理になりうるにすぎない。ここからは、少数派民族の〈差異への権利〉のみならず、逆に、多数派民族の〈差異への権利〉をも論理的に導くことが可能である。この場合には、自己の文化と他者の文化とを結びつける共通の普遍的価値が存在しないために、ナショナルな価値意識は、昂進すれば、結局、〈自閉的な自国文化の賛美〉以外になりようがない。それは、〈諸文化の実力対決〉を導き、政治経済状況の深刻化のなかで、武力を用いた〈敵〉同士の争いへと発展することを排除できないのである。たんなる〈差異〉がシュミット的な意味での〈敵・味方関係〉に転化するのである。七つの文明の間の衝突を論じるハンティントンの議論がその好例である。

他方では、普遍的価値を強調する立場がある。ナショナルな価値は普遍的価値の浸透とともに克服され、ナショナリズムは克服できると考える立場である。この立場を突き詰めると、ナショナルなアイデンティティとは、普遍的な価値をいかによりよく実現するかにあることになる。その典型が、ドイツ的文脈で主張された「憲法にもとづく愛国心」の主張であろう。それは、ドイツ基本法に盛られた普遍的価値の実現を自己の課題とする愛国主義という意味で、この立場に属する。

「憲法にもとづく愛国心」という言葉自体はドルフ・シュテルンベルガーの用語であるが、それを強調したのはユルゲン・ハーバマスである。彼の基本的発想は、ナショナル・アイデンティティを「市民権のもつ普遍主義的な精神」と調和させることである。彼は、多文化社会、多民族社会を今後の世界の必然的な姿と考え、それにふさわしいナショナル・アイデンティティを、憲法に結実した普遍的政治的価値（民主主義）の実現に見いだす。そして、デモスとエトノスの分離を説くマリオ・ライナー・レプジウスを援用しながら、「国家公民からなる国民」という国民概念を採用し、ドイツが民族への執着を捨てるよう要求する。

さらに、ドナーテ・クルクセン＝ピュータも「憲法にもとづく愛国心」を要求する（Nation und Ethos: Die Moral des Patriotismus, 1991）。彼女は、共同体が個人の自己実現の可能性を提供することから生ずる共同体への義務意識を、愛国心と名づける。彼女にとっては、「憲法にもとづく愛国心」とは、この愛国心を憲法に結実した普遍的価値と結びつけることによって、国民（ネイション）を普遍的価値の実現に責任を負う責任共同体にすることなのである。これによって愛国心が、「世界に開かれた愛国心」（リヒァルト・フォン・ヴァイツゼッカー）になる、という。ここでも、普遍的政治的価値をよりよく実現することのなかに、ナショナルなアイデンティティを見いだしている。いわば「遅れてきた国民」（ヘルムート・プレスナー）からの脱却がめざされているのである。

そして、政治経済の急速なグローバル化と部分的な主権制限をともなうEUの成立を背景として、普遍的価値を重視する立場は、制度論としては、「コスモポリタン・デモクラシー（地球規模でのデモクラシー）」を求めることになる。むろん論者によってニュアンスは異なるが、遠い先の目標ではあれ、地球規模の統一政府と統一議会、統一法制の樹立がめざされていることは変わらない。その源をカントにまで遡ることができるこの潮流は、ハーバマスによって代表させることができようが、その系譜に連なるウルリッヒ・ベックやイギリスのデイヴィッド・ヘルドなどが中心的論者であろう。

しかし、普遍的価値をナショナルな価値に対置し、普遍的価値の重要性を強調するだけでは問題は解決しない。クルクセン＝ピュータも示唆するように、国家だけが提供できる利益が存在する限り、国民（ネイション）だけが提供できる人間の自己実現の可能性が存在する限り、国家と国民への所属意識は消えることはなく、また、ナショナルな価値が普遍的価値に還元されることもない。

すでに言及した「オーストリア・イデオロギー」の場合には、普遍的・超民族的価値の追求が自民族の文化的優越性に対する確信と結びついていたために、普遍性があるナショナルな価値（ドイツ文化）と事実上同一視されることによって、普遍性自体が諸民族文化の優劣を決定する基準として機能していた。そこでは、ナショナルな価値と普遍的価値とが一致しているという〈錯覚〉にもとづいて、普遍的価値の名のもとに、ナショナルな価値が強制される可能性を免れなかったのである。いわゆるネオコン主導によって、人権と民主主義の名のもとに実行されるアメリカの軍事・外交政策がそのもっとも粗雑な例といえようか。

いったい、普遍的な価値の名のもとにナショナルな価値（地域的な価値をふくむ）が強制されることを防ぐことができるのだろうか。

普遍的価値の正当性

ここまでの議論では、普遍的価値として、具体的には、自由主義的民主主義の諸要素、とりわけ人権（世界人権宣言など、国連の諸宣言に盛られた内容の人権）を想定し、それが普遍的価値であることはほぼ自明のこととされてきた。しかし、本来、普遍的価値をなんらかの根拠によって正当化することは簡単ではない。というより、「普遍的価値」と「普遍的価値」との衝突において、どちらがより普遍的であるかを決定する論理的根拠はない。その普遍性は諸価値・諸利害の間の〈実力闘争（自由競争）の結果〉そのものなのである。

いわゆる「再帰的近代化」論者ベックの議論を援用しよう。彼は、近著『ナショナリズムの超克』（島村賢一訳、NTT出版、二〇〇八年）において、第二の近代においては、国民国家中心のナショナルな視点を放棄し、コスモポリタン（世界市民）的視点に立つべきことを強調し、政治的自由、地球規模での公正さ、社会保障、環境保全をめざす「コスモポリタン体制」のもとでの権力ゲームとして国際政治を構想する。

ベックは、一方では、ポストモダニズムを引き継ぐかたちで、具体的には、「アメリカ化や新自由主義的グローバリズム」をイメージしつつ、西洋の自民族中心主義的な普遍主義を批判する。その批判の論拠は、普遍主義が他者の他者性を認めない点であり、その種の普遍主義は「克服されるべき時代錯誤だ」という。彼によれば、この種の普遍主義を克服したコスモポリタン体制こそ他者の他者性を擁護するのである。

他方では、ベックは、個人主義の立場から、個人を否定することを根拠に多文化主義を批判する。彼によれば、多文化主義には個人はまったく存在せず、個人は、帰属する文化と社会をたんに反映しているにすぎなくなる。この点はコスモポリタン体制とは相容れない。コスモポリタン主義は、「個人化を強化し、肯定する」からである、と。また、多文化主義は、本質的なアイデンティティの違いにもとづく諸文化の競合性を前提にしているが、「文化的差異の世界は、コミュニケーションを困難にするだけでなく、結果的に……人権という共通の地平も排除する」と。こうした点では、彼は、ポストモダニズムを批判する立場にたつのである。

この「コスモポリタン体制」について、ベックは、その正当性の源泉を実践における存続と成功に求めている。つまり、コスモポリタン体制は、存続によって、自己実現によって、自己を正当化する、というのである。さらに、コスモポリタン体制は、下から、つまり民主主義的に正当化されることもない。その正当性と合法性は、上から下へ、「原理原則という明白な証拠から……いわば演繹的に根拠づけられるに違いない」と。

また、そのコスモポリタン体制の一部である「人権擁護体制」について、彼は、違法な人権擁護体制、正当でない人権擁護体制はありえないと考えている。「違法な人権擁護体制」は、「黒い白鳥」と同様、ナンセンスなのである。つまり、人権擁護は正当性を必要としない、ということであろう。事実、彼は、人権擁護が根拠であれば、国家の内政に介入できることを示唆している（コソボ空爆）。ベックによれば、人権の内容の解釈で争われることはあったとしても、人権擁護体制に対する正当な反対はありえないのである。

しかしながら、コスモポリタン体制を正当化する「存続や自己実現」とは、結局、諸民族や諸国家、諸資本、諸ＮＧＯなどの間の実力闘争の結果でしかないのではないか。「人権」の、そして「人権擁護体制」の具体的内容は、この実力闘争の結果によって決定されるのである。

4　政治の本性としての敵対性

こうしたコスモポリタン・デモクラシー論に対して、道徳的には正しいと賛意を示しつつも、その政治の本質についての理解の誤りを精力的に批判しているのがポスト・マルクス主義の政治学者シャンタル・ムフである。彼女の近著『政治的なものについて』（酒井隆史監訳、明石書店、二〇〇八年）を中心にその主張を検討しよう。

ムフが強調するのは、政治的なものを構成する敵対的次元であり、消滅させることのできない社会的敵対性の存在（対立する諸集団）である。彼女は、それを認めようとしない幻想として、ベックやアンソニー・ギデンス、ハーバマスなどの理論を批判する。ムフが批判するのは、「普遍的で合理的な合意の可能性を信じること」。この合意を政治において求めることは、社会の融和ではなく、むしろ敵対性を出現させてしまう、というのがムフの政治理解である。敵対する諸集団の利害を吸収する政治的意思決定の回路として、「活気に満ちた『闘技的な』公共領域」が必要だ、という。これがいわゆる「闘技民主主義」であり、ムフの主張の根幹となっている。

政治を、それぞれ正当性をもった集団の間の闘技（アゴーン）と理解するのであれば、それぞれの集団が集団的アイデンティティを獲得しそれを尊重することは当然である。ムフによれば、ナショナリズムはこの集団的同一化の一形態であり、危険な情動的側面をもつ。しかし、それを闘技として表現することによって、つまり、政治的意思決定の回路に引き込むことによって、その破壊性を弱めることができる、という。ムフによれば、それに失敗した事例が、第三諸国で発生している、反西欧を掲げた集団のテロリズムであり、ヨーロッパを中心に発生している、右翼的ポピュリズム政党の台頭なのである。

ムフの議論は、どんな問題であれ、理性的討議によって合理的合意が獲得できるとする確信（一種の普遍主義）への批判である。そして、政治のあり方を闘技とすることが必要と考えるなら、ナショナルな価値とナショナルな価値との間の関係をも闘技として設定することになるはずである。つまり、普遍的価値の普遍性をめぐっては、合理的な合意を直接的に獲得することはできないということである。

実際、ムフは、国際関係について、コスモポリタン民主主義は「危険な幻想」であり、地球規模の支配的ヘゲモニー（西洋による支配）が存在することを隠蔽することになるという。西洋の利益が人類の利益と同一視され、それに対する反対は、理性的なリーダーシップに対する不正な挑戦と位置づけられることになり、不当に排除されるというのである。この不当な排除こそ、反西欧のテロリズムやいわゆる極右的運動の原因であるということである。〈多極共存を模索せよ、性急に合意を求めず、それぞれの極が自立性を維持しつつ、調整を実行するシステムを考えよ〉。これがムフの結論である。

世界の敵対性とナショナリズム

そもそも、国民意識（ナショナルな意識）は、人間の共属意識（仲間意識）の一形態である。いかなる敵対関係が軸になっているのか、その状況に対応して、家族意識、郷土意識、州意識、階級意識、国民意識、ヨーロッパ意識など、さまざまな共属意識が形成される。この共属意識そのものは、人間という種が集団なしに存在できないことに由来するものであり、消滅することはない（なだいなだ『民族という名の宗教』、岩波書店、一九九二年）。また、共属意識は、戦争によってナショナリズム（国民意識）が高揚する事態が典型的に示したように、他の集団との対立が激しくなればなるほど強いものになる。共属意識は、いわば他者との敵対関係の関数なのである。ネイションを超えるなんらかの組織への所属意識が形成され、強化されない限り、ナショナルな意識が弱まることはない。そして、各国の独自な文化が多様に開花するためには、ナショナルな意識が不可欠でもある。

したがって、あるレベルの対立関係が存在すれば、そのレベルでの共属意識は対立関係の深さ・激しさに応じた強さでかならず存在するのである。そしてもっとも重要な共属意識が、権力（主権）によって境界を画され、最終的には戦争を実行できる単位である国家（ネイション）なのである。

たしかに、偏狭なナショナリズムに陥らないためには、「憲法愛国主義」の主張するように、憲法に実現されている普遍的な価値（人権・平和・民主主義）をナショナル・アイデンティティとして定着させることが求められる。しかし、世界政治における敵対性が存続する限り、ネイションを超えた人類レベルの権力が十分に機能することにならない限り、国民と国家への所属意識が弱まることもない。

むしろ、経済的苦境と社会の敵対性の高まりが偏狭なナショナリズムへの急激な傾斜を引き起こす、という点に重点をおくことが必要であろう。ディーター・ゼンクハースの研究（『諸文明の内なる衝突』宮田光雄ほか訳、岩波書店、二〇〇六年）によれば、文化と宗教の争いのように見える紛争も、その発端においては、社会的・経済的問題にその原因があり、文化と宗教の違いがそれを増幅するように機能する、という。

社会の政治的・経済的安定が確保されている間は、ナショナルな価値と普遍的価値の間に適当な妥協が成立する。しかし、危機の深化とともに、とりわけ対外的な対立が激化するとともに、国民と国家の存在意義は高まる。そこでは、ナショナルな価値と普遍的価値の相克が生じ、自己防衛メカニズムの始動によって、ナショナルな価値の社会的動員力が、普遍的価値の社会的動員力を上回るのである。すでに論じた、わが国におけるキリスト教界の例が典型であろう。

人間集団の対立（競争）を積極的に肯定する思想が社会ダーウィニズムである。社会ダーウィニズムは、日本や中国のように、専政に対する自由要求の根拠として用いられたこともあるが、他方では、帝国主義と戦争賛美に根拠を与えるものともなった。グローバル化のなかで外国人排除の主張を展開する「極右」の政治思想も、その柱のひとつは社会ダーウィニズムである。共属意識としてのナショナルな意識が、攻撃的社会ダーウィニズムと結びつくことによって、ジンゴイズムに転化するのである。

5　多極共存の軋轢に耐える

われわれが、まず確認しなければならないのは、あらゆる文化が程度の差こそあれ、諸文化の混合として、〈他の文化との相互依存〉のなかで存在している、という自明の事実である。いずれの文化も純粋培養によって成立したものではない。他の文化との接触なしに、自己の文化に閉じ籠もることによっては文化的発展はない。自己の文化の発展のためには、他の文化が、他のナショナルな価値が不可欠なのである。この〈他の文化との相互依存〉がナショナルな価値のなかに組み込まれていない場合、ナショナリズムは自閉的な自国民賛美、自民族賛美に帰着する。

さらに、普遍的価値も、普遍的価値の純粋培養によって発展してくるのではない。それぞれ普遍的価値を追求する諸文化固有の価値の相互接触のなかではじめて生まれてくる。それゆえ、普遍的価値の発展も、諸文化の共存を、もろもろのナショナルな価値の並存を前提とすることによってはじめて可能となる。普遍的価値の尊重と文化的相対主義とのこの相即不離の関係こそがあらゆる議論の前提にならなければならないのである。

さらに、普遍的価値の尊重と諸文化価値の至高性とを両立させるためには、普遍的価値を、なんらかの諸文化固有の（たとえば宗教的な）原理・原則ではなく、〈諸文化に共通の価値〉と考えることが必要である。そうでなければ、普遍的価値がそれぞれナショナルな価値のなかに取り込まれ、普遍的価値と普遍的価値の全面的対決となるからである。〈諸文化の価値の至高性〉を承認したうえで、〈諸文化に共通の価値〉を探し、その共通領域を拡大するために努力する以外にないのである。

性急な「討論による合意」は、その討論がどれほど理性的であり、どれほど合理的であっても、禁物である。性急なグローバル化もあまりに被害が大きすぎる。何よりも、〈闘争と支配の現実〉を直視するべきであろう。既存の国際機関も、現実には〈ほとんどすべての機関が西洋によって統制されている〉といっても過言ではないのだから。

結局、ナショナルな価値の共存のなかで、相互の寛容のもとで、「敵・味方」的思考を脱却し、軋轢に耐えつつ普遍的価値を求めて交流を重ねる以外にない。普遍的価値は、性急な討論によって合意されるものではなく、寛容と軋轢と交流のなかで長期にわたる歴史的過程の結果として、〈事実として定着〉していくのである。〈軋轢を耐え抜く〉ということは、一方で価値の相対性・多元性を認めつつ、他方で、普遍的価値の存在を信じ抜くことである。文化が文化であれば、宗教が宗教であれば、かならず、生命への畏敬や人間の尊重がその基礎となっているはずである。一例として、諸文明に普遍的に妥当する最小基準（「世界エートス」）を求める世界宗教会議の運動があげられる（ハンス・キュンク編『今こそ地球倫理を』吉田収訳、世界聖典刊行協会、一九九七年）。また、文化人類学において、諸民族に共通の性質の存在を主張する『ヒューマン・ユニヴァーサルズ』（ドナルド・E・ブラウン著、鈴木光太郎ほか訳、新曜社、二〇〇二年）の議論もこれを支えるものとなろう。

［参考文献］

村松惠二『カトリック政治思想とファシズム』創文社、二〇〇六年。

宮田光雄『権威と服従――近代日本におけるローマ書十三章』新教出版社、二〇〇三年。

ウルリッヒ・ベック『ナショナリズムの超克』島村賢一訳、NTT出版、二〇〇八年。

シャンタル・ムフ『政治的なものについて――闘技的民主主義と多元主義的グローバル秩序の構築』酒井隆史監訳、明石書店、二〇〇八年。

多元的な国家の課題——カナダ政治の歴史と展望

加藤普章

1　はじめに——なぜカナダか？

本論攷ではカナダを多元的な国家原理をもつ例として取り上げ、そのデモクラシーとナショナリズムについて考察したい。しかし、多くの読者にとりカナダは世界的な影響力をもたないという点でいささか「迫力に欠ける」事例のように思われるかもしれない。

たしかにカナダは一見すると地味で国際的な影響も弱い周辺的な存在と考えられがちである。しかし、カナダを特徴づける三つの特質から考察すると予想外に個性溢れる存在であることがわかる。このイントロダクションで三つの特徴について紹介してみよう。

第一の特徴はカナダがもつ経済力である。隣国の米国と比べるとやや影が薄いが、ヨーロッパの主要国と比べれば、決して小さな、またマイナーな存在ではない。人口規模では約三二〇〇万人を超える程度で、英国やフランスなどの半分程度である。しかし一人当たりのＧＮＩ（国民総所得）では四万一〇〇〇ドルを超え、ドイツやフランスに次ぐ豊かさを実現している（世界銀行統計、二〇〇八年、米ドル）。米国との経済協力を進めてきた結果、カナダも製造業やサービス業では高い生産性をもち、先進国としての実力をもつ経済と言っても過言ではないだろう。また豊富な天然資源に注目すれば、ウラン、石油、木材、カリウムなど世界的にも恵まれた状況となっている。一九九七年に世界銀行が行なった調査では、天然資源の埋蔵量では世界九二ヶ国のうち、第四位にランクされるほどの可能性を秘めている。さらに近年では、河川や湖、そして氷河から供給される淡水の存在にも注目されている。ロシアの水文学者によれば、カナダは飲用水および農業における潅漑用水としての淡水の保有（そして海外輸出）量では世界でも有数とされる（バーロウ、クラーク『「水」戦争の世紀』集英社新書、二〇〇三年）。

第二の特徴はカナダがユニークな国家形成を進めてきた実績である。たとえば、米国も同じ連邦制度をとっているが、カナダではフランス系カナダ人とイギリス系カナダ人の共存を目指した連邦国家が構築されてきた。つまり、ただ単純に連邦政府と州政府という二段階の政府を導入して連邦制度を作り上げてきたのではなく、二つの異なるエスニック集団の共存を組み込んだ連邦制度を生み出してきたのである。歴史的に見れば、フランス系カナダ人とイギリス系カナダ人という二つの集団は必ずしも対等ではなかったが、その共存を可能とするような工夫や政治原理、そして政治文化が構築されてきた。

具体的には二つの集団の特徴を反映するように、英語と仏語の二言語を公用語とする言語政策（バイリンガリズム）、刑法については全国一律で地域差はないが、ケベック州にはフランス式の民法を適用する（ケベック以外の州には英国式のコモンローを適用）という法律上の二元的な制度、そして連邦最高裁の判事任命については、必ずケベック選出の判事を入れることなどがこれまで尊重されてきた。また公用語政策については、一九七〇年代よりフランス語系カナダ人の要望を盛り込み、実質的な平等化を進めるようになってきている。

カナダのこうした取組みを「二元論的な試み」（デュアリズム）と位置づけることが可能であるが、最近ではさらなる多元化への試みが展開されている。つまり、これまで軽視ないしは無視されることが多かった先住民の人々の権利を憲法で認め、独自の存在として公的に認知したことである。これは一九八二年に制定されたカナダ憲法により実現した。さらに先住民たちは異なるタイプの自治制度をもっているので一律ではないが、可能な地域では独自の自治政府が認められるというところまで進んでいる。フランス系カナダ人とイギリス系カナダ人の共存がカナダの二元論的なモデルの出発点とすれば、最近では先住民の人々を組み込んだ三元的な統治原理がしだいに現実のものとなりつつある。もちろん、多くの先住民の人々が直面する社会・経済的な問題は、自治政府の導入や三元的な統治原理では解決できないことが大半である。しかし、かりに先住民の人々の権利や存在意義がシンボルのレベルにとどまっていることが多いとしても、統治原理の転換は重要な意味をもつと言えるだろう。

一九七〇代以降、非ヨーロッパ系の移民の受入れをカナダは積極的に開始した。これまで事実上、移民はヨーロッパ系の白人が歓迎されてきた。一九世紀末や二〇世紀初頭には、日本や中国などからのアジア系の移民が労働力不足を補うための一時的な措置として受け入れられたこともあった。一八八五年に完成した大陸横断鉄道の建設に多くの労働者を必要とし、中国人移民を受け入れたのはその実例である。ただし、大陸横断鉄道が完成すると安価な中国人移民は不要となり、移民受入れのゲートは閉じられ、歓迎されざる移民となっていった。

しかし、第二次大戦後、ふたたびカナダは経済成長のために労働力を必要とし、それをヨーロッパからの白人移民だけで賄えないことがしだいに明確になっていった。また歴史的に展開されてきた白人優先・非白人排除という移民受入れ政策はあまりにも人種差別的であり、これを改善する必要もあった。こうした複数の要因が重なり、能力が受入れの是非の判断基準となるポイント制による移民政策が一九六〇年代後半にスタートした。

こうした移民政策の転換により、アジアやアフリカの国々出身の移民が増加してきた。最近では移民の大半が彼らによって占められるようになってきた。オンタリオ州のトロントは、二〇〇一年の統計ではヨーロッパ系が多いが、アジア系、アフリカ系、ラテン・アメリカ系などさまざまなエスニック集団も定住している。西海岸の玄関と言えるバンクーバーも中国系やインド系の移民が多く定住する傾向にあり、まさに多民族化が進展中である。

カナダ政府はこうした変化を認識しており、「多文化主義政策」という視点から対応に努めている。もちろん、多文化主義の理念や政策、そしてその効果については賛否両論があり、まとまった合意が存在しているわけではない。連邦首相のピエール・E・トルドーが国会にて多文化主義政策を表明したのは一九七一年である。このトルドー声明から四〇年近くとなるが、いまだ論争は絶えない。

しかし、重要なことはカナダにおいて多文化主義的な特徴がしだいに定着していることである。米国では多文化主義はややマイナスのシンボルとみなされたり、統合を阻害する要因として考えられることが多いが、カナダでは比較的受け入れられてきたものと言えるだろう。二元論のカナダがより多元的なカナダへの移行を進めていると考えたい。

第三の特徴はカナダ独自の政策やモデル、対応の導入である。先に述べたように、カナダはフランスの植民地としてスタートした。ついでこの仏領植民地（ニュー・フランス）は英国の支配下におかれ、フランス系住民はイギリスの統治システムに組み込まれていった。その後、複数の英領植民地が集まり、ゆるやかな連邦国家を一八六七年に結成した。英国式の議院内閣制、英国君主をカナダの君主とする立憲君主制、君主の代理である総督職の導入、英国式の政治文化や慣行の確立など、カナダは北米大陸に位置しながら、あたかも小型の英国を再現したような様子となっていた。外交上、一九三一年のウェストミンスター憲章により、カナダは主体性を認められた。これにより英国の指揮をまたず、自前の判断で外交政策を決定できるようになった。

米国の歴史で言えば、一三の英領植民地は独立革命を起こして一気に母国との関係を断ち切り、異なる政治理念をもつ共和制の国家を構築した。他方、カナダでは英国との関係を維持しながら、母国の文化や制度を再現するような対応をとってきた。しかし、母国の文化や制度を尊重しつつも、カナダはしだいに独自の路線を歩むようになってきた。母国の全否定ではないが、カナダ的な考え方や理念が発展し、成長してくるのである。

また二〇世紀に入ると、英国だけではなく、米国の影響が強くなり、協力関係を維持する必要も生じた。英国からの「自立」が進むと同時に、米国からの影響や時には「干渉」も避けられなくなっていったのである。対米協力は必要であるが、無原則な協力はカナダの存在を弱めることになる。他方、過度に反米路線を打ち出すと、米国経済に依存するカナダでは、米国資本の撤退、そして米国企業のカナダにおける操業停止やそれにともなうカナダ人労働者の解雇といった事態が生まれる危険性も出てくる。現実には適度な自己主張やバランスのとれた対応が望まれると言える。

外交政策に関しては、カナダは西側先進国との協調、そして米国との密接な関係を維持してきた。第二次世界大戦後の国際政治の枠組みにはカナダは積極的に関係してきた。安全保障についても、NATO（北大西洋条約機構）に加盟し、NORAD（北米航空宇宙防衛司令部＝米国とカナダの防空レーダーシステム）を共同運営するなど、米国との協調路線については明確である。しかし、同時にカナダ独自の外交政策の模索を続けている。たとえば、スエズ危機の際には、当時の外相レスター・B・ピアソンが国連緊急軍の派遣を国連総会で一九五六年に提案し、それが現実に行なわれた。ピアソンは翌年、この功績でノーベル平和賞を受賞している。戦後のカナダは、PKO活動にとどまらず、平和や国際協調のために仲介役を積極的に果たしたいという願望をいわゆる「ミドルパワー外交」に結晶化した。カナダ単独の力ではなく、国際機関の支援、他のミドルパワーの国々との連携などにより、非軍事的手段を活用することで世界平和に貢献しようとした。東西冷戦の時期には東と西の仲介役として、そして富める先進国と貧しい発展途上国の間の仲介役として、カナダのミドルパワー外交はそれなりの存在意義を示した。最近では通常の外交交渉によらない方法（オタワ・プロセス）を導入して、対人地雷の国際的な規制を実現したことで、カナダの外交的なリーダーシップが再び注目された（一九九七年、オタワ条約）。

2　カナダにおけるデモクラシーの展開

カナダにおけるデモクラシーについて、二つの点に絞り検討してみよう。カナダのデモクラシーを特徴づける事柄には多くのものがあるが、連邦制度の構成原理、およびイギリス系カナダとフランス系カナダの共存のメカニズムという二つこそが重要な事例として考えることができよう。

近代国家の成立と発展を考えると、多くの場合、強い中央集権的な国家を構築することが一般的であった。一九世紀後半、国家の役割は治安維持や外交・国防といった夜警国家にとどまっていたが、強い中央集権的な権限をもつ政府の存在は不可欠であった。連邦制度はその流れに逆行するものであり、主権を分割して、連邦レベルの政府と州レベルの政府に立法・行政・司法という権限を行使させるという制度である。米国では、英国の植民地から分離し、独立するという必要性から、一三の植民地は「アメリカ合衆国」という連邦国家を一七八一年に生み出した（連合規約）。このため、新しい国家の理念や制度を念入りに議論し、また複雑な利害を調整して妥協を重ねるという作業を行なった。

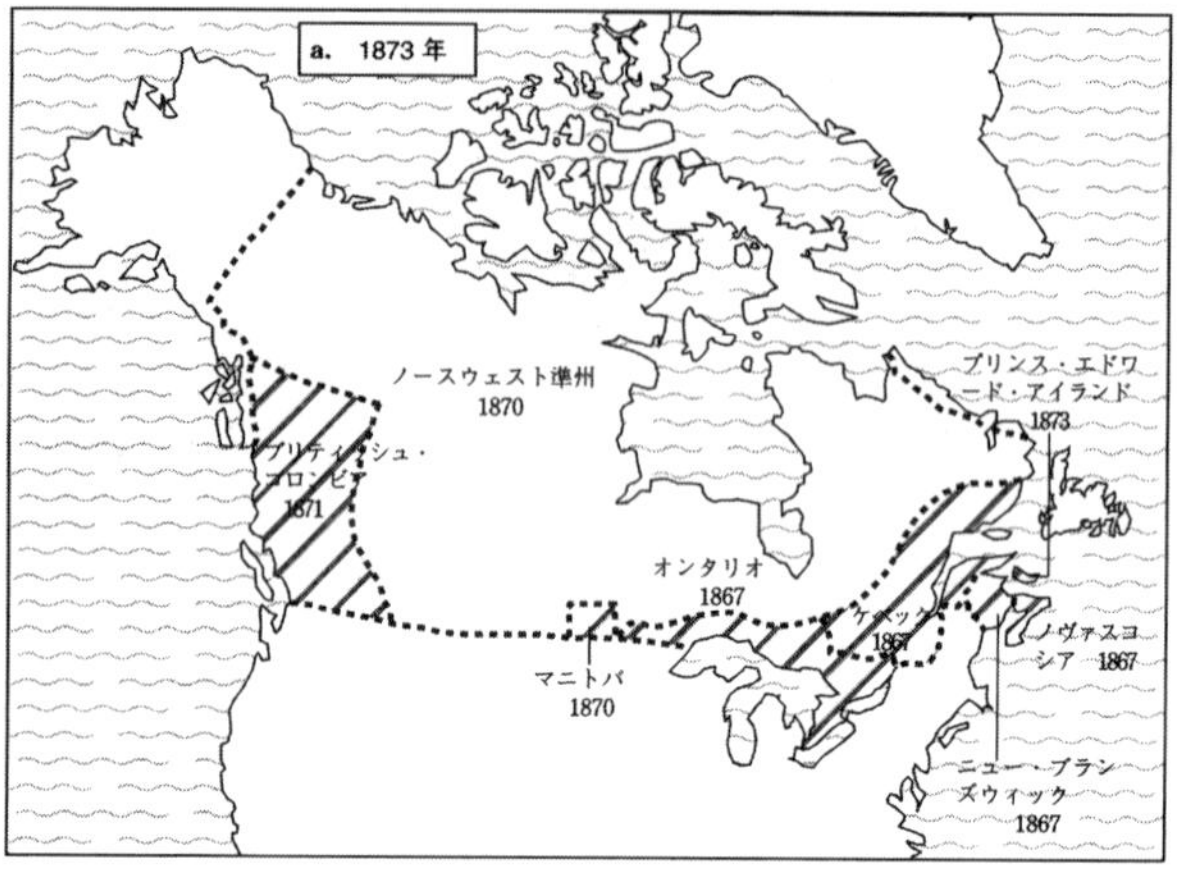

カナダ連邦結成後の領土的変化（1873-1949）

これらが『コモン・センス』、独立宣言、連合規約、連邦憲法といった歴史的な宣言や文書として残されてきている。米国の独立革命が植民地の独立を成し遂げただけでなく、新しい理念や考え方を生み出したという点に、現在でも関心を集める理由があろう。

しかし、連邦国家のすべてが米国のように独立革命や国家理念の革新を経験したわけではない。むしろ現実的な理由から連邦制度を採用した場合もある。カナダでは北米に存在していた複数の英領植民地が集まり、より主体性の高い政治的単位を生み出そうとしてカナダ連邦（コンフェデレーション）を一八六七年に結成した。小さな英領植民地のままでは、米国からの軍事的圧力に対抗することができなかったことによる。実際、米国における南北戦争の混乱に伴って北の英領植民地が襲撃されるという事件も起きたほどである。また経済的にも小さな単位では効率が悪く、より大きな単位をベースとして自立を図ることも必要であった。

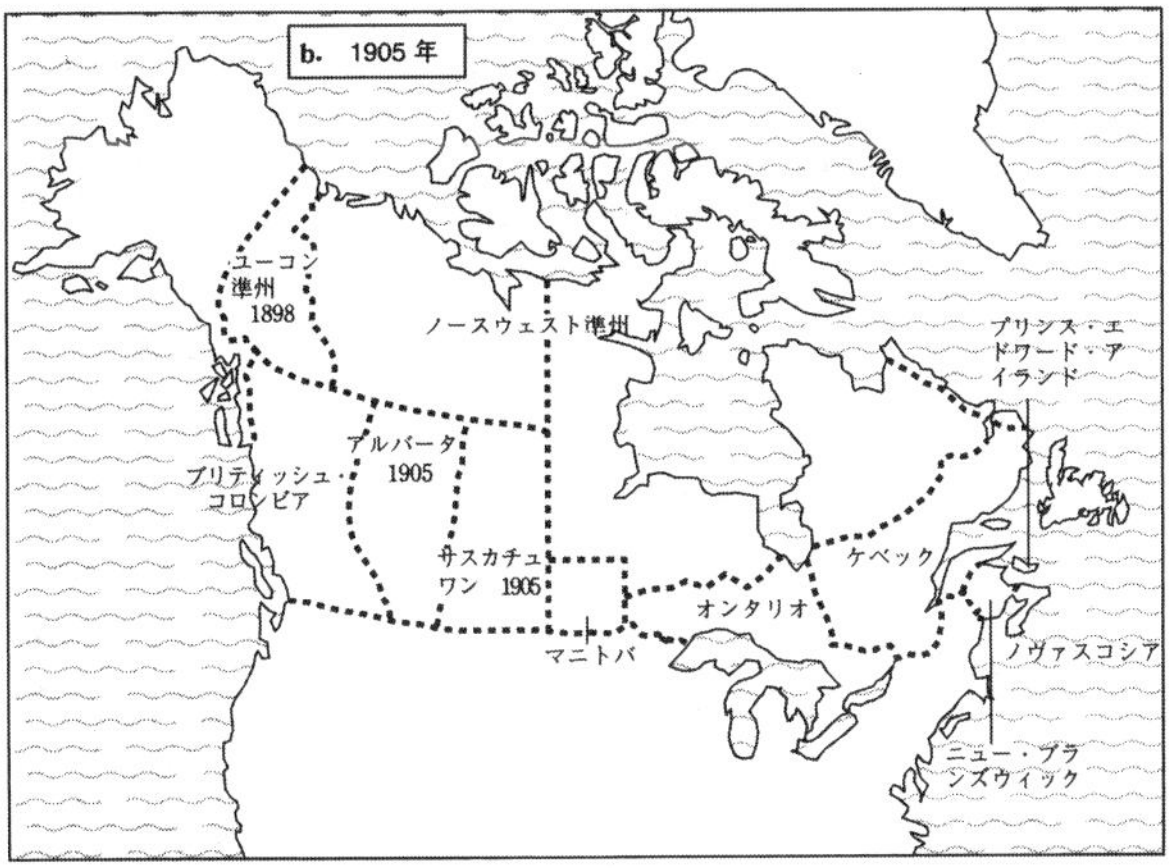

注：数字はカナダ連邦加入の年を示す

一八六七年には四つの州（オンタリオ、ケベック、ノバ・スコシア、ニュー・ブランズウィック）から構成されるカナダ連邦が生まれた。その後、二つの英領植民地（ブリティッシュ・コロンビア、プリンス・エドワード島）が連邦に加入した。また西部開拓に伴い、三つの州（マニトバ、サスカチュワン、アルバータ）がカナダ連邦に加入した。第二次世界大戦後も独自の英領植民地として残っていた東部のニューファンドランドは、一九四九年、ついにカナダ連邦に加盟し、東から西まで一〇の州が揃って現在の姿となった（なお二〇〇一年、ニューファンドランド・ラブラドール州と改称された）。また北部に位置する準州は現在では三つあり、人口規模は小さいながらも豊富な天然資源による開発の可能性が期待されている（地図参照）。

カナダ政治の特質は英国式の統治原理を基礎としながらも、米国式の連邦制度を組み合わせた点にある。たとえば、統治原理はイギリスのものを採用したので、

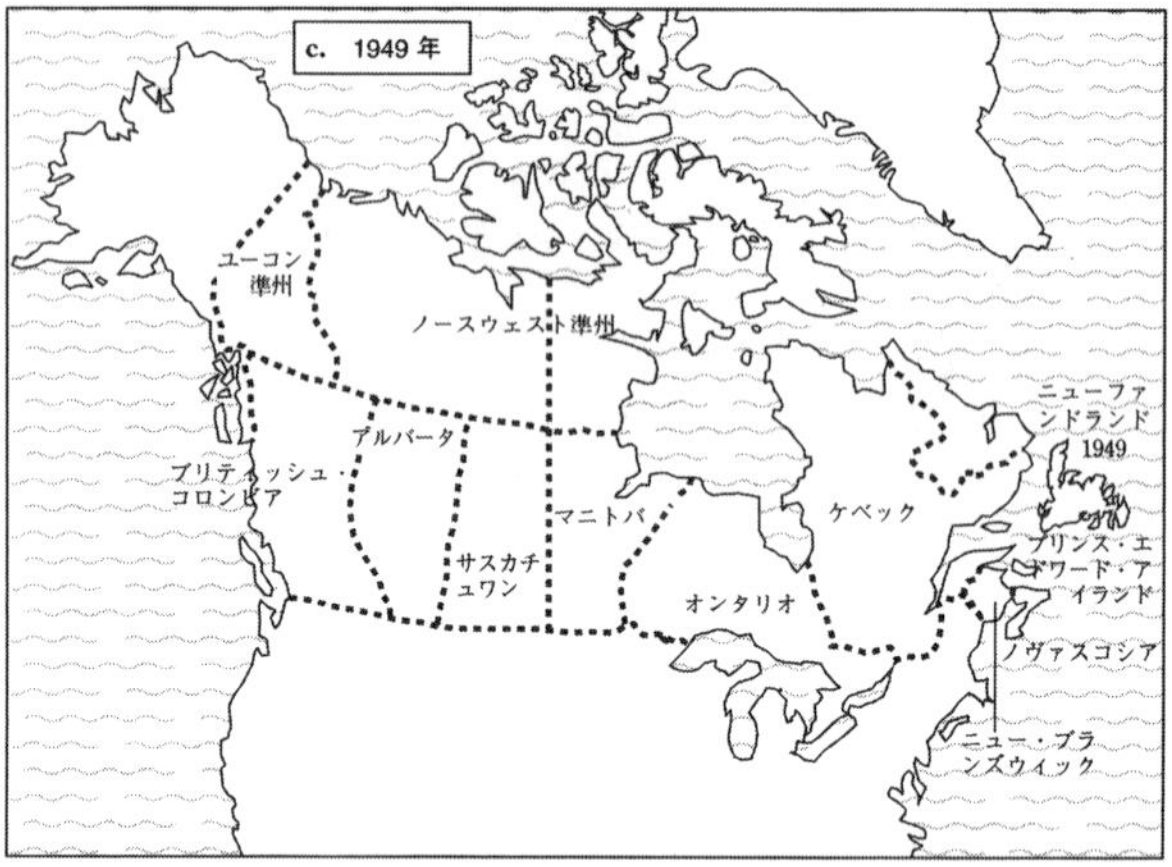

出典：日本カナダ学会編『〔新版〕史料が語るカナダ』有斐閣、2008年、353-354頁

立憲君主制、議院内閣制、そして憲法原理もイギリス式を踏襲した。他方、イギリスは憲法に関しては不文法の国であるが、カナダは米国式に従い、英領北アメリカ法（BNA法）という成文憲法を制定した。カナダでは法典化された憲法をもたない英国の統治原理を尊重したが、同時に米国のように明文化され法典化された成文憲法を一八六七年に導入したのである。米国では独立革命により英国との関係をまとめて切断し、新しい枠組みを設定した。しかし、カナダでは英国との関係を断ち切ることなく、時間をかけてカナダ風のアレンジを加えつつ自立するプロセスを選んだのである。

なお北米の英領植民地では一七五八年、ノバ・スコシアにおいて、実質的な権限は限られていたが、最初の代議制議会が開会した。他の植民地でも同じように代議制議会が続いて導入された。選挙で選ばれた議会から植民地政府の代表を決めるという「責任政府」は一八四八年、「連合カナダ」という植民地で実現した。

英国政府の権限ではなく、植民地の人々の意見が尊重されるという点では画期的な制度の導入であった。一八六七年の連邦結成もまさにこの「責任政府」の発展ということになる。カナダと英国の関係を示す例として立憲君主制を紹介してみよう。英国君主はカナダの君主であるが、英国君主が日常的にカナダ政府の業務を担うことは事実上、困難である。それで英国君主に代わり総督が具体的な業務を担当する制度がとられてきている。この総督には長く英国人が任命されてきたが、一九五二年にはカナダ人が初めて任命された。以後、総督にはカナダ人が任命される慣行が続いている。最近では男性ではなく女性、さらにヨーロッパ系のカナダ人ではなく、アジア系（エイドリアン・クラークソン、中国系）や黒人系（ミカエル・ジャン、ハイチ系）の総督が任命されるようになってきた。時代錯誤とも考えられる総督職に、女性やマイノリティの人物を任命することでカナダ風の味つけをして、時代の変化に対応させている。

さらに州政府にも、連邦政府が任命した州レベルでの君主の代理人である副総督（州総督）が配置されている。副総督はおもに儀礼上の役割を担うが、州議会が制定した法案に署名し正式に成立させるという重要な役割をもつ。さらにこの副総督は州政府における連邦政府の代理人という役割もあるので、連邦政府は州の特定の法案の修正や却下を副総督を通して命じることが可能である。つまり連邦政府は場合によれば、州議会が制定する法案を副総督を通してコントロールすることができるのである。

次に注目したいのは、イギリス系カナダとフランス系カナダの共存のメカニズムである。これは連邦制度とも結びつき、カナダ政治のユニークな特質である。歴史的に見れば、カナダは本来、フランスの植民地（ニュー・フランス）として出発した。しかし英国とフランスの覇権争いの結果、ニュー・フランスはイギリスの攻撃を受け、一七六〇年に陥落した。その後、英領植民地（ケベック）の枠組みのなかでフランス系の人々は生き残りを図ることになった。

連邦が結成される一八六〇年代のカナダを少し細かく見てみよう。フランス系カナダ人の多くは現在のケベック州にあたるロワー・カナダに住んでいたが、現在のオンタリオ州にあたるアッパー・カナダにも住んでいた。他方、イギリス系カナダ人も少数ながらもケベックに定住していた。その結果、二つの集団が二つの州に分散して住むという環境のなかで共存を目指すことが必要となった。

これは英領北アメリカ法の第九三条に共存のメカニズムとして組み込まれた。第九一条と第九二条にはそれぞれ連邦政府と州政府の権限が明示され、二つのレベルの政府が担当すべき守備範囲を限定した。他方、第九三条では教育は州政府の権限としたが、これには一定の条件がついていた。当時、教育は公的な機関や自治体よりも教会が大半を担っていた。したがって、教育を州の権限とすれば、それは事実上、教会がこれを独占することを意味していた。ケベックのフランス系カナダ人はカトリック教徒が大半であったので、教育をカトリック教会が担当することになる。ただし、イギリス系カナダ人はプロテスタント系が多いので、自分たちの児童・生徒をカトリック系の学校へ送ることは避けたい。同様に、プロテスタント系の教会が教育を担当するオンタリオ州ではフランス系の児童・生徒が望まない学校への通学を余儀なくされる。

ここで生まれた妥協案は、当時、存在していた教会系の学校（宗派学校）の権利や特権を損なわないこと（九三条一項と二項）、もし宗派学校の権限が損なわれた場合、関係者は連邦政府に救済を求めることができること（同条三項）であり、さらに連邦政府は救済のために州政府に対して介入する権限を有する（同条四項）とした。州政府が無条件で教育について管理することを認めると、イギリス系もフランス系も、相互に人質をとられているような事態が生まれることになる。そのため、そうした事態が起こらぬように歯止めをかけて、両者の権利を守るようにしたわけである。

より正確にはケベック州ではカトリック系の学校とプロテスタント系の学校に対して、公費による補助が行なわれた。宗派学校でありながら、事実上の公立学校として機能させたのである。オンタリオ州では、無宗派の公立校とカトリック系の宗派学校という二本立ての制度とした。また英領北アメリカ法の第九三条は連邦憲法であるが、この二つの州だけに適用されるという特質があった。そのため、他の州はケースバイケースで宗派学校を認めるかどうか判断して学校教育を運営していった。宗派学校を認めず、すべて無宗教の公立学校としたのは西部のブリティッシュ・コロンビア州であり、非公式に宗派学校を認めるという方法を採用したのは東部のニュー・ブランズウィック州であった。またニューファンドランド州ではより複雑な宗派教育を公的に進めるという別の方法をとっていた。

こうして宗派教育についての原則を英領北アメリカ法の第九三条において明示しつつ、他方、この原則は全国一律に適用せず、州ごとの特質に応じて考える、というまさにカナダ的な対応方法がとられたのである。ところで最近では宗派教育とコストの関係が論じられ、ケベック（一九九七年）とニューファンドランド（一九九八年）では憲法を改正して宗派教育は廃止されている。これも時代の変化に合わせるカナダ的な方法と言えるだろう。

ここでは宗派教育以外の事例を紹介する余裕はないが、フランス系カナダのエリートは州政府に与えられる権限の大きさを考え、連邦に加入するメリットを見出したとされる。他方、連邦議会（下院）には一定数のケベック選出議員が保障されていたので、オタワにおける発言権を確保することも可能であった。ケベックに住むフランス系カナダの人々にとり、連邦加入はベストの選択ではなかったが、それなりの意義があったと言えよう。連邦結成により、州政府を「我が家」として自分たちの生き残りを確保したのである。

3　カナダのナショナリズム

カナダのナショナリズムはどのようなものだろうか。それは存在するのだろうか。まずはカナダが英領植民地として発展したことから、母国との繋がりを強調するイギリス系カナダのナショナリズムがある。英国における文化や価値観を尊重し、それをカナダでも継続し、発展させることに重点をおく。政党で見れば保守党がそのような親英的な外交政策（あるいは米国と距離をおく政策）を展開してきた。他方、フランス系カナダの人々は一七六〇年にニュー・フランスがイギリス軍に征服されたのちも、ここで生き残るためにナショナリズムを構築してきた。フランス系カナダの人々にとり生活の拠点はケベック州だけではないが、自分たちを守るのはカトリック教会を軸とする信仰、フランス語という言語、そして自分たちの共同体と認識していたのである。またカトリック教会は信仰だけでなく、教育や文化、福祉や医療などでも人々の世話をすることが多かった。つまり政府や自治体に代わり、カトリック教会が人々を守護する役割を担っていたのである。ただし、カトリック教会はやや保守的で、政治的な変化を望むことがなかったので、フランス系カナダの「生き残り戦略」の背後には、閉鎖的で保守的なナショナリズムが存在していたことになる。そのため、イギリス系カナダとの交流は最低限にとどまり、自分たちの世界を堅く守るという路線がとられた。しかしフランス系カナダの保守的で閉鎖的なナショナリズムは一九六〇年代、大きく変化した。自分たちを殻に閉じ込めるのではなく、民主化や近代化を目指すナショナリズムが台頭してきたのである。フランス系カナダが生き残るには、経済や政治を近代化させ、イギリス系カナダとの競争に負けないような体質改善が必要であると発想を転換させたのである。具体的には一九六〇年の州総選挙において自由党が近代化路線を掲げて勝利を収め、ケベック社会の近代化が進められた。自由党政権による近代化の試みは成功し、「静かな革命」と呼ばれるケベック社会の変化が進展した。他方、近代化路線に不満をもつグループは別のナショナリズムを提示してきた。これはケベックのカナダからの分離・独立を目指すもので、州レベルではケベック党（ＰＱ）という政党に一九六八年に結集した。一九六〇年代後半、ケベック党の候補者が選挙に立候補しても獲得できる議席は限られており、政党としては非力な存在であった。ところが一九七六年、州総選挙においてケベック党が議席の過半数を獲得し、政権政党となった。これまでケベック州の分離・独立は抽象的には議論されることはあったが、政党として有権者の支持を得て州政府の政権を獲得した事実は大きな驚きであった。

ケベック党の党首で州首相となったルネ・レベックは分離・独立にむけての州内外の合意を得ることに関心をもっていた。そのため、ただちに分離・独立という方法をとらず、合意を得ること、そしてプロセスを明示することに努めた。具体的には一九八〇年五月、州民投票（レファレンダム）を実施し、分離・独立のためのシナリオ（「主権・連合」構想）について州民の意見を求めた。これは分離・独立そのものについての賛否ではなく、「主権・連合」構想について州政府が連邦政府と交渉してよいかどうかについての賛否を問うレファレンダムであった。かりに連邦政府との交渉を行なうことについて州民が賛成しても、連邦との交渉で合意に失敗すれば、当然ながら分離・独立は実現しない。このレファレンダムは過半数の州民（五九・六％）が反対し、四〇・四％の州民が賛成するという結果に終わった。同じような州民投票が一九九五年にも実施されたが、ここでも僅差で反対派（五〇・六％）が賛成派（四九・四％）を上回る、という投票結果がでた。このように、分離主義のナショナリズムの代弁者であるケベック党、連邦制度の枠内でケベックの近代化を目指す自由党という二つの政党が、選挙で有権者の支持を獲得する競争を一九七〇年代から続けている。有権者はどちらのナショナリズムを選ぶのか、今後も注目されるところである。

ではイギリス系カナダのナショナリズムはイギリスの「模倣」で満足しているのだろうか。興味深いことに、模倣のレベルからカナダ風の味つけをした独自のナショナリズムへと変化してきている。たとえば、カナダの国旗は英国商船旗をベースとしていた。しかし、これではカナダとイギリスの区別がつかないので、一九六五年、白地に赤い楓の葉をデザインした新しい国旗を導入した。連邦議会では新国旗について激しい議論が展開された。基本的に親英派の保守党はこれに反対したが、自由党は新しい国旗の導入でリーダーシップを発揮した。また国籍にかんしては、一九七七年まで「カナダ人」という概念はなく、「カナダに在住する英国臣民」というもので対応していた。カナダが英国の植民地であった事実からすれば、英国臣民という概念でカナダ人をカバーできたわけである。しかし、カナダ独自の法的概念を求めるべきという声が強くなり、新しい考え方が出てきた。

英領北アメリカ法はカナダ連邦を結成するための憲法であったが、実際はイギリス議会で制定された。つまり、これはカナダ憲法であるが、本籍地はロンドンにおかれたままで、現住所はオタワにある、という状態が長く続いていたのである。一八六七年以降、憲法を改正する場合、カナダ側で改正案をまとめ、それを形式上、ロンドンにて承認してもらうという手続きをとってきた。本来は本籍地ではなく、現住所にて憲法改正をする方が望ましい。しかし、カナダではケベックの位置づけや連邦と州の関係についての意見がまとまらず、合意形成ができないまま不都合な状態が続いていたのである。

こうした事態に対して、カナダ国内での合意形成を進め、カナダ憲法をカナダ議会で改正できるようにしたのが、フランス系カナダ人で憲法学者でもあったトルドーである。大学教授、そしてケベックの閉鎖的な保守政治を批判する知識人であった彼は、一九六八年に四八歳の若さで連邦首相に就任し、カナダ連邦の近代化や憲法問題の改革に取り組んだ。そして一九八二年から新しい憲法が施行され、長年の課題が解決した。形式的な法的従属性の問題をフランス系カナダの首相が解決することになったのである。

4　カナダ研究のおもしろさ

カナダ政治を学ぶと、白か黒かというよりも中間の灰色部分が多く、「例外の多いルール」を限りなく覚える、という印象が強い。原則はあるが、基本はケースバイケースで対応というわけである。原則は現実にあわせて修正されると考えてもよいだろう。

カナダを研究してなんの意義があるのか。これまで多くの学生、同僚、そして知人から尋ねられてきた。まだ明確な回答があるわけではないが、二元的あるいは多元的なカナダを素材とするユニークな学者やその業績が最近では注目されている。たとえば、チャールズ・テイラーやウィル・キムリッカたちによる多文化主義と国家の関係に関する考察はその代表例であろう。カナダをベースとしているが、カナダ以外の国々にも適用可能な理論やモデルがここに見出される。先に述べた憲法学者のトルドー、また日本ではまだ注目されていないアラン・C・ケアンズ、アラン・G・ガニオンなどは、連邦制度とエスニシティとを関連させて精力的に業績を発表している。今後もカナダ政治の素材の面白さの紹介にとどまらず、カナダからどのような普遍的な理論やモデルを構築できるのか、取り組んでいきたいと願っている。

〔参考文献〕

加藤普章『多元国家カナダの実験――連邦主義・先住民・憲法改正』未來社、一九九〇年。

加藤普章『カナダ連邦政治――多様性と統一への模索』東京大学出版会、二〇〇二年。

ピエール・E・トルドー『連邦主義の思想と構造――トルドーとカナダの民主主義』田中浩・加藤普章訳、御茶の水書房、一九九一年。

モード・バーロウ、トニー・クラーク『「水」戦争の世紀』鈴木主税訳、集英社新書、二〇〇三年。

日本カナダ学会編『はじめて出会うカナダ』有斐閣、二〇〇九年。

タンデムクラシー試論——ロシア政治における制度化と「デモクラシー」

下斗米伸夫

1　ソ連崩壊と「民主」ロシア

現代ロシア政治の最大の論争点は国家の役割であろう。

ロシアはソ連の継承国家である。そのソ連は形式的には十五の民族国家の連邦とされながら、実質的には巨大な単一官僚国家であった。そのソ連国家が解体するきっかけになったのが、一九九〇年十二月七日、ベラルーシのベロベジュにおいてロシア大統領エリツィンが、ウクライナ、ベラルーシ首脳と独立国家共同体形成に踏み切ったことだった。

周知のようにソ連では、党と国家とが一体化しており、共産党官僚組織に体現された制度、利害、なによりも共産党の幹部リストであるノメンクラトゥーラといった支配の精緻なメカニズムがあった。

一九九〇年代前半ロシア政治の主眼は、ソ連の崩壊およびコミュニズムとの決別という課題を受けて、この国家の解体を促すことであった。エリツィン革命の先兵となった「急進改革」派とか「民主」派といわれた政治家たち、とくにそのイデオローグと目されたチュバイス、ガイダールらの課題であったのはこの機構を解体ないしは崩壊させることであった。

この課題は、すでにソ連末期、政治改革の時代には十分に認識されていた。二〇〇八年前後に出版されたペレストロイカ期の回想や資料集からは、ゴルバチョフ政権にとって、ソ連での政治と経済、国家と社会とを包括し管理してきた共産党官僚機構をいかに解体するかという課題が重要であったことが浮かび上がる。

「民族主義」と「民主主義」とは、そのための有効な武器となった。市民社会が未熟であったソ連では、下からの民主化勢力は微弱であった。かわってノメンクラトゥーラ官僚たちが「民主派」と「民族派」に転向する例が輩出した。イデオロギー組織としての共産党はすくなくともブレジネフ時代後期にはもはや存在していないも同然だった。

だが建前だけの十五共和国からなる「連邦」を、これまた民族主義によって分解することは、実質的にはソ連崩壊につながる。改革の障害となった共産党官僚機構を改革しなければ改革はすすまないが、これをすすめれば連邦自体が崩壊する、というジレンマが生じた。

ソ連の最初にして最後の大統領でもあったミハイル・ゴルバチョフは、モスクワのテレビで放送されたインタビューで、自分の誤りが、党と連邦との改革を遅らせたことにある、と自己批判した(Izvestya, 3 Dek., 2008.)。そのうえで、改革を崩壊にもっていこうとしたボリス・エリツィンを「バナナの買付けか何かの仕事に追いやっていればよかった」と評した。エリツィンをロシアから切り離し、中南米の大使などにする案もあったのであろう。

しかし実際は、ゴルバチョフも認めているようにジュガノフらロシア共産党官僚のほうが巧妙であった。彼らもまたソ連という枠組みをいち早く放棄し、政治的には反対の立場であるエリツィンらと野合、ナショナリズムを操ることでソ連崩壊のベロベジュ合意に向かった。

ゴルバチョフ補佐官のA・チェルニャエフが一九七二年から一九九一年まで書いた日誌、『現代の帰結』は、一九八〇年代におけるゴルバチョフの出現は必然であった、彼は「歴史の武器」であった、と主張している。しかし歴史がゴルバチョフから得たかったものは、彼自身が歴史から得たいと思ったものとは違っていた、ということを彼自身理解していなかったとも言っている。つまり改革がソ連という「帝国」の解体までいくことは、彼らにとっても想像外であった。主観的意図と客観的役割とが乖離していた。そこがゴルバチョフの悲劇であった（A. Chernyaev, Sovmesnyi iskhod, M., Rosspen, 2008, p. 1046.）。

そのソ連崩壊から約二十年、ウラジーミル・プーチン現首相らは、連邦崩壊こそが最大の誤りと言って西側から批判を浴びたことがあった。この時の「連邦問題」は、いまやグルジアやウクライナの民族主義政権とロシアとの国家関係をめぐる対立となり、米国、NATOをもまきこんだ紛争となっていること、周知のとおりである。

それはともかくソ連崩壊後の指導者たち、とくにそのイデオローグであったエゴール・ガイダールたちの思考回路は、実は過去の「マルクス・レーニン主義」の裏返しでもあった。国家の解体は、あたかもロシア革命を思わせるものがあった。実際一九一九年のニコライ・ブハーリンの『過渡期経済』と、ガイダールの『移行期経済』（ちなみにロシア語の原語は同じperekhod「移行」であるが）を読み比べてみると、発想が同じであることがはっきりする。ブハーリンらは、ブルジョワ国家の解体がそのまま社会主義から共産主義への移行を保障すると論じた。資本主義から共産主義へという前者に対し、共産主義から資本主義へという目的こそ違うものの、ガイダールも旧来の体制を破壊することにより、市場経済と民主主義とは自動的に立ち上がると想定した。

だが、このような楽観主義には根拠が乏しかったことは一九九〇年代のロシアの「移行」の困難さが示した。九三年の旧ソビエト議会を砲撃して強行解体した憲法危機、九五年末までのオリガルフといった新興金融集団の台頭と、九六年大統領選挙をめぐる危機、銀行間戦争といったオリガルフ間の権力と資本をめぐる暗闘、そしてチェチェン危機、等である。この間、貧富の格差は拡大し、社会保障のセーフティー・ネット崩壊で、男性の平均寿命は五十九歳まで低下した。

現代ロシアでは民主化を失わせたのは「民主主義者」だ、といった言い方がされる。たしかに、九〇年代の民主主義者たちは、ゲオルギー・ヤブリンスキーやイリーナ・ハカマダをふくめて、民主主義制度を定着させるよりも、しばしば経済民営化の利益を私有化することに、そしてこの法外な結果に懐疑をもつものを保守・反動呼ばわりすることに忙しかった。

なにより民主主義に必要な政党形成をもっとも嫌ったのはエリツィンその人であった。理由の一端は西側でもてはやされたゴルバチョフが、その実、共産党官僚制の抵抗で制約されていたことを見てきたからであった。実際、エリツィンは「国父」ではあっても政党の代表ではない、といった意識もあった。あるいは単に彼には政党がわかっていなかったともいえよう。こうして「民主主義者」たちは制度形成を行なうも、ヤブロコや右派勢力同盟のように、政党を権力争いの武器とみなし、実際は派閥的な小さな勢力争いをするだけで、全国的な政党形成といった仕事は怠った。

最終的にはアジア金融危機に端を発した一九九八年のロシア金融危機が、このような民主派が想定していた市場移行の根拠が薄弱であることを示した。若手改革派のキリエンコによる内閣が崩壊し、急進改革派はこれ以降、影響力を失う。

かわって当時のロシアでは危機管理内閣が、リベラル派のヤブリンスキーも加わって共産党との協同で作られた。エリツィンらの反対を押し切ってできたのが、一九九八年九月のエフゲニー・プリマコフ内閣である。プリマコフはソ連のアジア専門のジャーナリストから科学アカデミー東洋学研究所所長、世界経済国際関係研究所所長を経て、ゴルバチョフの共産党政治局員も務めた。ロシアにとって幸いなことに、この金融危機はまもなく安定化し、新たな成長の始まりであることを示した。経済はこれ以降、石油価格の高騰も手伝って右肩上がりの展開をし始める。

2　プーチン政権とロシア国家再建

人気があったプリマコフ首相は大統領エリツィンに解任されたことで逆に大統領候補としての人気も高まった。このエリツィン政権末期の危機のおり、エリツィン系の切り札として登場したのが、ウラジーミル・プーチンであった。当時はほとんど無名の元ＫＧＢ東ドイツ駐在員、帰国後サンクト・ペテルブルグ市政に関与、レニングラード大法学部で恩師のソプチャーク市長の下で国際問題を担当した経歴を有した。ちなみにこの法律問題の顧問格でプーチンを補佐したのが現ドミトリー・メドベージェフ大統領である。それはともかく一九九九年八月に首相として任命されると、プーチンはチェチェン問題を解決する役割を担って登場した。安定した国家の制度とアイデンティティーを作るという課題がプーチンに託された。

ちなみにしばしばプーチンＫＧＢ政権といった単純化した考え方が、ことにマスコミなどを通じて広がっている。ＫＧＢとはソ連共産党が革命を擁護するためにつくった武装組織を歴史的起源としている。実際にはこの機関は、アンドロポフの下で六〇年代に次第に情報機関へと改組され、米国のＣＩＡと似た機能をもつようになる。そしてプーチンが東ドイツに勤務するころ、この機関の分析者は七〇年代半ばには東ドイツの国家的存立は疑わしく、統一が不可避だという分析すら出していた、ということは述べておく必要があろう。

当時の思惑はともかく、プーチンは、西側で一般にいわれるほど保守的ではなかった。彼のライバルであり、二〇〇三年の「ユーコス」社の脱税をめぐってシベリアの政治犯となったボリス・ホドルコフスキーが形容したように、「七〇％の改革派」でもあった。

その人事もまた、プーチン個人の権力基盤の弱さもあって、旧エリツィン系等の混成であった。実際、大統領プーチンが最初に首相としたのは、現在プーチン・メドベージェフ体制への反対派として「民主派」を標榜しているミハイル・カシヤノフであって、どちらかといえば市場経済よりの官僚であった。というよりも、プーチンは当初は、各政治勢力のいわばバランサー役だったのであり、人事権がどの程度あったかは疑わしい。実際、大統領府長官であったのはエリツィン系のボローシンであって、彼が第一副長官メドベージェフを指導監督した。プーチン系のセルゲイ・イワノフが国防相になったのは、たまたま原潜事故で前任者が解任されたからだ。

実際、ソ連・ロシア史を通じての悲喜劇は、情報と権限が過度に中央集権化されている結果、しばしば指導者こそもっとも改革的であるという逆説がおきうることだ。ヘーゲルが言ったように、指導者一人だけが自由な世界に近いのである。プーチンのイデオローグであるG・パブロフキーが指摘したことでもあるが、彼がすすめた政治体制の改革はプーチン自身も含めて誰も現状に満足していないことから生じたのである（Ekspert, No. 36. 2006, p. 95.）。

こうして第一期大統領となったプーチンは、民主化とは言えないが、国家と政治の改革をすすめた。

制度としての政党形成はその重要な一歩であった。議会など政治体制の安定には、政党形成は不可避であるが、このことは、前任者エリツィンが、しばしば与党の不在を、自己のカリスマ的演出で代替したり、一九九三年議会砲撃事件のように反対派への武力を含めた威嚇を行なったことからみれば進歩であったといえよう。

とくにプーチンを大統領につかせるためだけの目的で作られた「統一」党と、むしろ末期には反エリツィン、親プリマコフ系の政治組織であり、地方の有力首長（モスクワのルシコフ、タタールスタンのシャイミエフ）を取り込んだ「全ロシア」とを一体化させて、「統一ロシア」を組織したことは大きかった。やがて政党登録することになるこの組織は、プーチンによる上院改革での地方首長の権限削減、そして地方首長に対する軍管区に照応した管区制導入での大統領代表の導入と相まって、プーチンのいう「垂直的」行政システムを補完し始めた。

もっともこのことはプーチン権力の権威主義化という代償を伴うものであった。二〇〇四年秋にプーチンは政党要件を厳しく制限、七パーセントの得票がない政党は議席を失うことになった。しばしばプーチン与党が、ソ連共産党を模写したような「指導的役割」を果たす独占的機構であるというリベラル派の批判が強まった。

このことは、二〇〇三年にユーコス事件で、オリガルフの政治進出をブロックし、石油会社など、原料資源（シリヨ）部門の利権を、セーチンやパトルシェフ等、安全保障（シーラ）関係者に分与したことでさらに加速された。オリガルフに対抗するシロビキなる表現が頻出し出したのはこのころであるが、たしかにプーチン大統領周辺のなかで、石油関係者を中心にこのシロビキが強い影響をもつようになった。この過程では西側との合弁企業をも事実上、クレムリンが国有化することとなり、そのために税務機関や環境機関を恣意的に使ったため西側からの批判を招いた。ちなみにガス部門は、メドベージェフ現大統領など権力内リベラルの影響下に入っていた。

このようなプーチンとポスト・プーチンを見越したロシア政治を見る視点は大別して三つほどありうる。第一の立場は、ロシアのジャーナリスト・政治評論家で、二〇〇六年十月に暗殺されたアンナ・ポリトコフスカヤに代表されるような、プーチン権力の権威主義、そして国家権力への統制が、ロシアの市場経済移行を妨げており、またチェチェン事件への取組みに見られるように社会との対話、民主化の阻害要因になっている、という見解である。そしてこの認識の背景には、ロシアの政治経済体制は本来的には世界のグローバルな市場制度がそのまま適応されるべきであり、権威主義的に社会と経済を統制している政治権力の意図のみがこれを阻害しているという楽観的な考え方が横たわっている。もっともチェチェン問題は、米国が反テロ戦争に踏み切ることもあり、地元エリートとの政治決着で終わった。かわって、ロスネフチの資金もあってこの地はいま経済成長地域へと転じた。

第二はこれと対蹠的な考え方であり、プーチンは、ロシアの市民の動向を良く酌み取り大統領として政治経済問題を適切に処理し、また非民主的なオリガルフや腐敗した官僚・地方権力者と戦いながら着実に改革を推しすすめているといった見解である。ロシアの評論家でこの見解に近いのは、ソ連期の異論派歴史家であったロイ・メドベージェフらであり、なかでも『ウラジーミル・プーチン――

三期はないのか?』(Roi Medvedev, Vladimir Putin: tret'ego sroka ne budet?, 2007, Vremya.)、はプーチン政権、とくに第二期の動向を解明しようとしたものである。

第三は、とくにプーチン政権の第二期に体制が変質し、とくにプーチンがユーコス事件で独自性を発揮するころから権威主義的独自性を主張することになり、政治体制の保守化、シロビキの台頭、そして外交面での対立的特徴が強まった、とするストローブ・タルボット、渡邊幸治、フレデリック・ライン大使ら三極委員会の見解である。もっともこの見解の難点は、相対としてみればロシアの経済的台頭は第二期にこそ強まっていることをどう説明するかということである。

これに対し筆者は、この時期、ロシアの政治経済体制が変質し、新たに権力が、いわば部分的ではあるが「与える権力」になったのではないか、と考える。ロシア政治は権力による国民からの収奪の歴史、そして国家に対する官僚の簒奪の歴史でもあった。しかし国民に対して「与える権力」としての歴史はほとんどなかった。スターリンの農民への抑圧が、数百万の餓死者を出したことは、最近もウクライナ問題との関連で話題になったほどである。エリツィンも民営化(プリバチザーチヤ)・「人民的資本主義」とは名ばかり、いわば元ソ連の官僚たちとマフィアとによる国家の簒奪(プリフバチザーチヤ)であった。

たしかに第二期には、この結果、オリガルフに流れてきた石油ガス代金を政府と国家が吸収し、ロシアは瞬く間に新興経済国として、外貨準備だけから言えば中国、日本に次ぐ経済大国にのし上がった。二〇〇八年九月の金融恐慌直前には六〇〇〇億ドル近くにまで跳ね上がったし、エネルギーなどそれ以外の経済も相応に拡大した。

こうしてプーチン大統領の下で、政治の安定が経済の好況と結びついてきた。筆者は、プーチンはラッキーな政治家だと書いたことがあるが、たしかに彼の大統領期は著しい経済成長期と重なり、八年連続の高成長が続いた。

なかでも「与える権力」としてのロシア国家を端的に表わすのは、国家財政支出の拡大である。プーチン時代のはじめに財政規模は二〇〇〇億ドル、それが末期には一二〇〇億ドルと六倍になった。二〇〇三年まで議会の財政委員会は事実上オリガルフ、とくにユーコス社に握られていたため、石油税など地下資源への課税もままならなかったが、事件以来、国家財政は飛躍的に伸びた（literaturnaya gazeta, No. 36, 2007.）。配るべきパイが拡大していた。

「与える権力」という場合、プーチン政権が行なったのは、いわゆるオリガルフに対抗するシロビキ系勢力による国策会社、国家企業創設であった。とくに二〇〇七年四月の大統領教書でロシアの課題別の独占企業が、原子力、武器産業、ナノテク、オリンピックなどの戦略セクターに応じて作られた。しかしこのような国家と癒着しかねない巨大国家企業は、リベラル派の不満をかったことも事実で、同年秋のフラトコフ首相解任はこの影響であったとも言われる。

他方、「与える権力」として、中産階級や地方などに富を均霑《きんてん》する方策も考えられた。これはメドベージェフ第一副首相（当時）が所管する社会発展計画として体現された（Dmitrii Medvedev, Natsionalnye prioritety, stati i vystupleniya, M., 2008.）。実際には大統領府が政府と共同管理するようなものであった。これは住宅（問題も多かったが）、インフラ整備、教育、医療などといったロシア政治がこれまで切り捨ててきた機能を拡大するものであった。あるいは道路や鉄道建設も加えていいだろう。

二〇〇八年以降のプーチン首相とメドベージェフ大統領のコンビを、二人乗り自転車タンデムに擬してタンデムクラシーと言うが、それは、この大統領府と内閣との共同管理的な側面が拡大した結果であった。さらにはこの機能を担ってきた内閣官房長官ナルイシキンが副首相となった。また「与える権力」は、地方でこそ意味があり、二〇〇七年、プーチンの腹心ドミトリー・コザックが地方発展相として入閣したのは偶然でなかった。

こうした転回をふまえてプーチンは、政治化していたオリガルフの富を奪うことで、国民生活の「向上」を可能にした。これは多くのところ、原油高騰など、政治以外の要素によるところが多いが、しかしホドルコフスキーのユーコス事件、石油導入などによって、資産を国家が事実上管理する仕組みができた。この結果「奪う権力」として多く表象されたロシアの権力は、はじめて国民に「与える権力」としての機能と権限をも有する可能性をもった。

こういった変化をふまえロシアの政治的現代化はどういう状況にあり、政治勢力はどう変容したか。二〇〇七年末からの選挙の季節を前に、『エクスペルト』誌と社会予測研究所など大統領府のいくつかの調査機関が、三十二の州・地方のインサイダーたちの主観的意見に基づいて地方政治をめぐる調査を行なった。この結果はこの八年ほどの政治的変化を示している。この分析は、二〇〇七年段階の政治構造が、一九九〇年代のカオスとも、プーチン政権発足当初とも違ってきたことを示した

(Ekspert, No. 12, 2007, 23.)。

なかでもこの調査ではドミトリー・メドベージェフ、ボリス・グリズロフ統一ロシア党首、といったプーチン直系の政治家の地方・中央での影響拡大が注目された。この調査は、とりわけ統一ロシア党の地方での影響力の拡大に注目した。シロビキに対抗してこういった「リベラル」ブロックが対抗している構図が示された。セーチンのようなシロビキの影響力は、意外に地方で力が伸びていないとも指摘された。もっとも興味深いのは、デリパスカ、アレクペロフといったオリガルフの影響が低下していることである (Ekspert, No. 12, 2007, 26.)。

この論文の著者は、一九九〇年代―二〇〇三年までは、ロシアに多くの分散的な「力のセンター」が存在したとしたら、それ以降は大統領国家となったであろうこと、そしてシロビキの力がこの間に増し、これに対抗すべくプーチンと彼の機構はこれへの拮抗的な政治システムを統一ロシア党として作り始めたであろうことを暗示した。次の大統領は政治体制のリベラル化を目指すべきだとも、この分析は提言した。

プーチン政治の成功と大きな人気をマスコミ操作のせいに帰す人がいるが、実地でみればこれは必ずしも正しくない。プーチン人気はこの「与える権力」の一側面であった。少子化対策に子供一人一〇〇万円近い育児手当を与えたり、道路を建設したり、政府の役割が変わり始めた。実際、二〇〇八年には出生率は七パーセント上がったという (Kommersant, 5 Dek., 2008.)。権力が大衆に一定限度だが価値を付与することができるということは、これを行なう政府の権限が拡大することである。

日本でいえば高度成長期の日本政治が、自民党支配（実際は官僚とだが）であったように、しだいにプーチン政治のなかで、政府と、統治党である統一ロシア党の比重が漸次的に広がっていくことになった。このことが、二〇〇八年の大統領選挙でのリベラル「改革派」候補メドベージェフの勝利と、プーチンの首相、統一ロシア党主という役割での「タンデムクラシー」をもたらす遠因となったのである。

二〇〇七年末の下院議会選挙をプーチンは、自己の政治の総決算と信任投票として位置づけた。これによって七割以上の信任を得たプーチンは、政権内リベラルと評判のメドベージェフ第一副首相を後継者に指名し、逆にメドベージェフはプーチンを首相職にすることを選挙公約として戦った。メドベージェフの大統領選挙公約は、司法の独立、中産階級育成、所有の定着、そして中小企業振興といった、プーチンにはなかった現代化を目指したものであった。また大統領になってからも比較的リベラル派を大統領府にそろえ、こうして実務型のプーチン首相府とあわせたタンデムクラシーが成立した。

ロシアの世論調査もこのようなものとしてタンデムクラシーを理解した。メドベージェフが独自の政治家としてよりも、プーチンの支持推薦する人物として支持されていることは、政治学者でふだんは批判的な評論で知られるオリガ・クリシュタノフスカヤも指摘する。ロシア人は権力を批判しながらも、二人には信頼を寄せており、統一ロシア党への支持も五割をこえるという。(Nezavisimaya gazeta, 3 Dek., 2008.)

このような角度から見ていくと、大統領と首相の間の権力移動という一見不思議に見える現象は、実はまだ民主主義も市場も安定しないうえに、さらには見通しのないままエネルギー価格が高騰した状況を前提として、「現代化」を模索する対応であったことが見えてくる。

3　危機対応に苦慮するタンデムクラシー

だが、タンデムクラシーを支える条件が、いわば政治と経済の高成長であったとすれば、二〇〇八年秋に出現したアメリカ発の世界的金融恐慌、それに伴う原油価格の低落という大波が押し寄せ、ロシア政治を痛打し始めたことも事実である。否、そのような政治経済変動の引き金となったのは、南オセチアをめぐるグルジアとロシアの戦争であった。いまでは、これがグルジア・サーカシビリ政権側の最初の攻撃によるものであることがはっきりしたが、ロシアはこれらの対応に追われた。このような条件が異なってきたなかで、はたして、タンデムクラシーは機能するのか？

大統領教書というと専門家も読まない官僚的作文と思われがちだが、筆者はたいへん重要な文書であると見ている。とくに最初の教書は新大統領の志向、優先度などを示す絶好の機会である。その点から言うと、メドベージェフ大統領教書は、プーチンとはかなり異なる政治改革という課題を掲げたことが重要である。五月に発足した新政権だが、このような危機もあって九月末といわれたメドベージェフの二〇〇八年教書演説もたびたび延期、十一月五日にようやく実現した。金融危機の影響が広がりを見せ始めたことへの対応として、あえて現代化と政治改革を打ち出したことが注目された(Kommersant, 6 Nov., 2008.)。

もちろんこれは一般的な民主化への呼びかけでなく、エリツィン憲法をはじめて改革する点が重要だった。とくに上院をさらに改革し、地方各レベルの選挙で選ばれた者が入ることになった。従来は上院に知事など地方行政のトップが入り、このため三権分立が脅かされるとの批判があった。また各地方主体の知事や大統領といった首長を、プーチン流のクレムリンによる事実上の指名制ではなく、地方議会での多数党から推薦された者に限定する、という点が注目された。再びボールは地方に返され、地方の政党強化と結びつけられた。その政党については七パーセント未満としてこれまで無視された少数政党への配慮から、五・七パーセントの得票を得た政党代表にも議席が配分されることも決まった。同時に、大統領任期は六年に、議員の任期も五年に延長された。

日本では、この後者だけが紹介され、プーチンの大統領復帰説といった文脈で紹介されているが、そしてその可能性が将来的に消えたわけではないが(憲法は禁止していない)、しかし当地で見る限り根拠は薄弱といえよう。むしろ、統一ロシア党強化など、政党再編成、政治の現代化こそを最大の経済危機対策としている姿が浮かび上がる。与えることが難しくなった政権が、どこに政策の重点を置くか。市民との合意のうえで、あるいは少なくとも地方を含むエリートとの合意なくして危機対策は不可能になった。

このことは二〇〇八年十一月末に行なわれた統一ロシア党第一〇回大会でのプーチン党首の演説でもより明確になっている。プーチンはここではっきりと支配政党の党首として、首相職をもかけて危機対応の経済政策実現に乗りだすことを主張した。一部で言われた、プーチンが首相として経済政策の責任をとることを懸念し、統一ロシア党に専念すべきだという説（Argumenty Nedelya, No. 46, 2008.）は否定されたかたちである。プーチンは経済問題から逃げることなく責任をとるといったことは好感をもたれた。彼の大統領早期復帰説がロシアの専門家には支持されない理由でもある。

統一ロシア党の強化は、ソ連共産党への回帰というよりは日本での五五年体制下の自民党政治に似てくるかもしれない。これに「建設的野党」公正ロシアを配するわけだが、実際には共産党がクレムリンの意向とは無関係な独自勢力として残り続けるだろう。地方政治を握り始める統一党は、地方での中小企業や中産階級への対応、地方でのインフラ整備、さらには危機管理での役割も重要となる。こうして、党・政府をプーチンが、そしてメドベージェフが大統領として外交、司法等を担当するという分業的な支配、つまりタンデムクラシーがこれからも続くのであろう。

もちろん、このような配置の「右」に位置する本来の民主派は、オバマ政権とくにクリントン国務長官に連なる人脈からの支援もあって、少数党としての立場を強めるだろう。しかしこれを見越して、クレムリンは右派勢力同盟内の反対をよそにこれを改組し、新たな自由民主派「右派の力」を立ち上げた。

それよりも大きな挑戦となるのは、さきのシロビキ系国家企業であって、いっそうの財政支援を国家に期待しながら、シロビキ系の独占的経済、「実体経済」重視を旗頭に発言権を強める。実際このような主張のイデオローグ、政府の財政金融部長のA・ベロウソフは、リベラルな路線からの転換を求めている。背景にはシロビキのセーチン副首相がいる（Argumenty Nedelya, No. 49, 2008.）。いずれにしても、二〇〇八年十二月はじめの時点で、ロシア経済の深刻さが一段と鮮明になり始めた。

タンデムクラシーが民主主義であるということは難しい。しかしそれがソ連崩壊後の傷ついたナショナリズムを背景として、ゴルバチョフ時代に始まった民主化の過程でもあることは言うまでもない。プーチン政治にかんする政治学者たちのさまざまな言説からはその長期的方向と現状での「非民主的措置」とを弁証する議論がある。むしろ『デモクラシー』（Charles Tilly, *Democracy*, Cambridge, 2007.）を書いたチャールズ・ティリーとともに、プーチン時代を民主化と脱民主化との混交として、そしてエリツィン時代に失われていた「国家機能」の回復過程と見ることも可能だ。その意味ではタンデムクラシー、とくにメドベージェフの課題がティリー風に「ロシアの長期的民主化を促している」可能性もまた排除できないだろう（p. 137）。

［参考文献］

下斗米伸夫『アジア冷戦史』中公新書、二〇〇四年。
『ソ連＝党が所有した国家　1917-1991』講談社選書メチエ、二〇〇二年。

『ロシア世界〔21世紀の世界政治4〕』筑摩書房、一九九九年。

『ロシア現代政治』東京大学出版会、一九九七年。

下斗米伸夫・島田博『現代ロシアを知るための55章〔エリア・スタディーズ〕』明石書店、二〇〇二年。

中国——ナショナリズムとデモクラシーのゆくえ

野村浩一

1　はじめに——問題のありようを辿って

「愛国無罪」——これは二〇〇五年春、上海、北京、成都などで発生した「反日デモ」のなかで、デモ参加者の側から叫ばれたとされるスローガンのひとつである。「デモ」をめぐる政治的、社会的背景はさしあたりいっさい省略するとして、この表現はほぼ次のようなことを意味している。すなわち、〝青年、学生などの間からおおむね自然発生的に生み出された「反日」のデモが、当局の要求する秩序を多少はみ出したとしても、それは「愛国」の行為であるから許されるべきだ〟という主張である。ここ一〇年来、とくに江沢民政権下において「愛国主義教育」が推し進められていたことも、むろんその背後に存在していよう。この言葉は、歴史的には一九一九年の「五四運動」にまでさかのぼるともいわれるが、ここにいう「愛国」とは、ごく一般的にいわゆるナショナリズムの発露と捉えることができるだろう。しかし、「愛国」がここで「無罪」という言葉と接続しているのは、いくらか奇妙な結びつきといえるかもしれない。この場合、デモが民衆の自発的な運動であるゆえに、それを押えつけることは「反民主」であり、これを「有罪」としかねない当局に対して、むしろこの運動こそが「民意」を示す、いわばデモクラティックな行動であるという主張ないし感情が「無罪」という言葉に込められている。つまりここでは、ナショナリズムの背後に、ある種のデモクラシーの要求が貼りついているのである。このように、近現代中国についてみると、ここでのテーマに関連して多少とも奇妙に感じられる主張、スローガンに出くわすことがある。

少しく歴史をさかのぼって抗日戦争の時期、毛沢東・共産党は「一致抗日」を唱えて、大いに「愛国の自由」を要求した。それは具体的には、当時「党治」体制をとる訓政・国民党が、「一党専制」によって人民の自発的な抗日の運動を縛っていると主張するものだった。何よりも必要なことは愛国実行の自由であり、そのための「人民の言論、集会、結社の自由」「政治上の自由と民主」なのである。この背後に政治的意図が働いていないわけではない。国共両党の長期にわたる闘争の歴史は、極言すればそのいっさいが政略、党略の歴史である。しかしそうした事実を前提にしたうえで、ここでは民族の存亡というきびしい現実を前に、「愛国」（ナショナリズム）と「民主」（デモクラシー）と、そしてつけ加えればさらには「自由」（リベラリズム）という基本的な政治社会の原理が、歴史の動態のなかで微妙な結びつきを示しつつ出現しているといえるだろう。

近現代中国の歴史的展開に即しながら、いま少し、アトランダムに眺めてみよう。一九世紀以降の中国において、ナショナリズムとデモクラシーにかかわる問題を考えるとなれば、まずは孫文・三民主義をあげることになるだろう。「民族、民権（そして民生）」という「三民主義」は、文字どおりいわゆるナショナリズム、デモクラシーの主張を鮮明にかかげたものとみることができる。ただしここでの「民族主義」は、辛亥革命前、異族満州支配の清朝を打倒すべく同盟会が結成された時点では「駆除韃虜、回復中華」といういうきわめて露骨な種族主義に立つものだった。しかし一九一一年、革命に成功した新生「中華民国」が、それまで「天下的王朝」（後述）として存続してきた大清帝国の版図を継承したとき、そのスローガンは「漢、満、蒙（モンゴル）、回（ウイグル）、藏（チベット）」からなる「五族共和」に変わる。そして孫文の民族主義は、一〇年代の民国の政治的激変を経て、二〇年代にはその意味内容をさらに「反帝民族主義」へと変える。歴史のなかでのこうした変化あるいは変貌は、決して些細なものとはいえない。

他方、孫文・「民権主義」は、きわめてストレートに、大きくは政治上のデモクラシーの実現を唱えるものとみてよいだろう。じっさい、初期「三民主義」における「民権主義」の具体的綱領は、まぎれもなく「創立民国」という主張だった。ただしやや緻密に観察してみるとき、ここで「民権」とは何よりも「君権」との対比において使用されている。この国の長きにわたる「皇帝政治」――「一君万民」という体制をくつがえして、それに代わる「人民の権力」を樹立することがめざされているのである。孫文はこのことを、実に端的に「共和政体のもとにおいては人民を皇帝にする」、「四億の人間を皇帝にする」という形で述べていた。孫文が共和制・民国といった鮮明な観点をその西洋体験から得ていたことは、むろん疑いを容れない。しかし、この「創立民国」という主張が、さしあたり

「民権」という「権力」概念を中心に旋回していることは否定することができない。それゆえに、孫文の「民権主義」は、その後二〇年代初めに至るまで、創立された「民国」のなかで、「四億人の皇帝」がいかにして権力を行使するのか――その具体的構想として「政権」（人民権）と「治権」（政府権）の設定、その確立と結合といった構図を求めて展開されるのである。

ところで、近代中国の推移を辿ってみるとき、こうした孫文的「民権主義」の主張とともに、それと並んで、いわば「民主」という表現によって示されるような「デモクラシー」もまた、出現する。すなわち、辛亥革命以後、たちまちにして袁世凱の帝政復活が試みられようとするなかで、この国には一九一〇年代・新文化運動が生み出された。そこでの最も決定的なスローガン――ある意味では時代を貫通する歴史的なスローガンは、周知のように「デモクラシーとサイエンス」であった。そして、このとき、それらは「徳莫克拉西《デモクラシー》」（と「賽因斯《サイエンス》」）、すなわちdemocracyの音訳で表記されていたのである（「新青年」雑誌）。この「デモクラシー」は、やがて最も一般的に、広く「民主」あるいは「民治」という表現によって定着していくように思われる。

さてこれまでの行論のなかで、私は少しく表現にこだわりながらも、ナショナリズムとデモクラシーとよばれるものが、その歴史的また現実的文脈のなかで、いわばその歴史的個性を帯びつつ現われる態様を、思いつくままに取り上げてきた。実は語彙の問題、とりわけ近代以降の翻訳語にかかわる問題は、日中両国を通じて恐ろしく多様、複雑かつ微妙である。ただ、こうした問題状況にもかかわらず、ナショナリズムまたデモクラシーといった、それこそ広大な外延をもち、同時にきわめて基幹的な概念を前提に、中国について多少ともその具体相を扱おうとするならば、おそらく最も必要とされることは、やはり歴史の現実態、その推移に即しつつ、そこに出現する諸特徴を通じて、その現われ方のなかに問題ないし課題を見出していくことではないだろうか。

私はここでいったん近代中国におけるデモクラシーやナショナリズムにかかわる系譜を離れて、むしろ逆に中国社会の歴史の展開を辿りつつ、そのなかで問題の所在を探ってみたい。以下、この小論では、問題の索出のために、ひとえに思い切ったアプローチによるラフな捉え方のうえで論を進めてみよう。

2　中国の近現代――「天下から国家へ」

一九世紀以降の中国世界の変動ないし変容を最も包括的に表現するならば、一言でやはり「天下から国家へ」と言えるのではないだろうか。このはなはだ多義的な表現を、さらに割り切ってパラフレイズするとすれば、それまで長きにわたって天下的王朝という形をとって存続してきた中国世界は、清朝において①政治システムとしては「皇帝政治」、②社会システムとしてはいわゆる「郷紳社会」、そして③文化システムとしては「儒教・礼治思想」（梁漱溟『郷村建設理論』など）が相互に密接に関連し、組み合わさった統一体として存在していたと捉えることができる。だが、この王朝国家は内外の巨大な歴史的動因の働くなかで、近代国民国家への改変をせまられる。辛亥革命に始まる一連の激動は、長期にわたるその過程ということができるだろう。そしてそこでは中華民国の「創立」（一九一二年）から中華人民共和国の成立（一九四九年）まで約四〇年が、まずはひとつの歴史的時期を形成している。

ふり返ってみれば、諸軍閥の混戦が続くなか、国民党による南京国民政府の樹立（一九二八年）、ついで国共の武装闘争、さらに民族の存亡をかけての抗日戦争、そして戦後の国共内戦（一九四五―四九年）と、まことにこの過程は戦争と革命の半世紀だった。この間、一九二〇年代末以降、民国を統治した国民党政権は、孫文・三民主義に依拠しつつ、①政治システムとしては近代国民国家制度の建設をめざして、懸命の努力をつづけたとみることができる。日本の侵略戦争は、この努力に対してたとえようのない打撃を与えるものではあったが、国民党が抗日戦争を「抗戦必勝　建国必成」という「抗戦建国綱領」のもとに戦ったことは、近代国家建設こそが二〇世紀前半の中国の最大の政治課題であったことをみごとに物語る。

だが他方、②社会システムとしての「郷紳社会」が、王朝体制倒壊後の新しい環境のなかで、それに適合的な変容を遂げることは容易ではあり得なかった。最もマクロに捉えるとき、「郷紳」とよばれる地方「名望家」、おおむね地主層が、科挙制度を媒介に、一方では王朝権力につながりつつ、他方では土着の権力として、地方の秩序、利益の維持、擁護につとめるというこの社会システムは、共和制・民国の成立に直面して決定的な変容をせまられた。おそらく最も重要な一点は、政治的、社会的混乱が打ち続くなかで、これまで基本的に農業社会として存続してきたこの国において、その根幹をなす「地主—農民」間の土地問題が、急速に先鋭化してきたことである。そうした状況に直面して「耕者有其田（耕す者に土地を）」という土地改革の実施は、二〇年代初頭以降の国民党にとって最も重要な綱領のひとつとなった。しかし、打ち続く戦乱とそして政権の性格および政権構造のゆえに、国民党は、このいわゆる封建的地主制の廃止というあまりにも巨大な社会的課題に十分に着手できないまま戦後を迎えることになる。

そしていまひとつ、③文化システムとしての「儒教・礼治思想」は、一九世紀後半以降の外来・西洋思想との接触、その流入のなかで未曾有の経験にさらされる。それが文化、思想にかかわるだけに、そこに生ずる不断の葛藤、変容はむろんなんらかの単純な決着をつけられるものではあり得ない。民国期を通じ、「国粋」から「西化」まで、諸思潮は政治状況に規定されながらはげしく争っていた。この場合、民国後期、抗日戦争に直面した国民党政権が、何よりもこの戦争が民族防衛戦争であったがゆえに、伝統思想の保持、依拠への比重を高めたことは否定することができない。それは、文化ナショナリズムの喚起ともいえようか。そして他方この間、共産党の運動、闘争と相即して、外来思想としてのマルクス主義思想もまた急速に拡がりを示すことになった。

さて、四五年の抗戦勝利直後からただちに国共の内戦が始まる。そして、その内戦における共産党の勝利は、おそらく究極のところ、この党が厖大な農民層の土地改革を求めるエネルギーをてこに土地革命を遂行し、同時に一九一一年以来の最も根本的な政治課題、すなわちこの国の政治的統一に武力をもって決着をつけたというところに求められるだろう。それは、地主制の廃絶という意味において巨大な社会革命であり、また共産党による新たな統一権力の樹立という点において政治革命であった。そしていまひとつ、中華人民共和国の成立は、国内の分裂と外国帝国主義の圧迫、侵略のなかにあったこの国に、統一、独立かつ富強を求める中国が出現したことを意味していたのである。そこには近代国家形成という最も通常の文脈におけるナショナリズムが強力に働いていたといえる。たとえば次のような一文は、そのことをあまりにもヴィヴィッドに表明していよう。「一九四九年の勝利はまた、空前の統一された帝国をもたらした。北京から辺境まで、黒龍江省からチベットまで、中央の指令は貫徹され、各レベルでとどこおりなく遵守され、もはや五〇年このかた続いてきた軍閥混戦、四分五裂の割拠状態は過去のものとなった」（李沢厚『中国現代思想史論』東方出版社、一九八七年、一八一頁）。だが、つけ加えるならば、先にふれた「天下から国家へ」という中国世界固有の歴史的課題は、やはり何重もの多層性をもつものだった。「北京から辺境―チベット」にまで至る中華人民共和国のナショナリズムが、その内部にかかえこむことになった歴史的遺産は、あらためてふれなければならないだろう。

3　中華人民共和国——毛沢東の時代・そのあり方

人民共和国が成立してから今年ですでに六〇年——この間、ほぼ一九八〇年前後を境として、それまでの約三〇年がいわば「毛沢東の時代」、そしてそれ以降が「改革開放の時代」と区切られるのは、異論のないところだろう。だが、近現代の中国の歴史を大きく捉えるとき、毛沢東時代の三〇年は、たんに共和国史の「前期」であるよりは、むしろ王朝終焉以後の一世紀近い中国世界の変容の歴史のなかでの、あるくっきりとした輪郭をもったひとつの時代と位置づけてよいように思われる。「民国」の四〇年は、たしかに「戦争と革命」の時代だった。そして、中華人民共和国はたしかに統一、独立を確保することを通じて、この苦難の時代に終止符を打った。しかし、人民共和国の建国はどのような形で統一体の再建を遂行することになったのだろうか。

問題を鮮明にし課題を索出するために、ここでは思い切った類型化を試みてみよう。私は先に中国世界における伝統的王朝体制を把握するために、政治システム、社会システム、文化システムという三つの領域を設定しつつ、それらを通じて、体制のあり方にアプローチしてみた。いま、そうした範型を、中華人民共和国の形成のなかに求めるとき、「毛沢東の時代」に見出されるものは、まずは①政治システムとしての「共産党一党独裁」、②社会システムとしての「単位社会・人民公社」、そして

③文化システムとしての「マルクス・レーニン主義、毛沢東思想」と規定できるのではないだろうか。

この国家の政治システムが共産党の一党独裁体制をとったことは、贅言を要しない。そして社会システムとしては、最も図式化して捉えるとき、ほぼ都市における「単位社会」（職場を「単位」とする生活共同体）、他方、農村における「合作社・人民公社」という組織化が、この国を蔽ったといってよい。ここで、文化システムとしての「マルクス・レーニン主義、毛沢東思想」を措定することには、異論ないし違和感があるかもしれない。文化という概念は、「主義」「思想」におさまるものではとうていあり得ないし、またその基層的持続性が政治体制を越えることは、むろん常識に属している。だが、ここでさしあたりこうした表現を用いるのは、「マルクス・レーニン主義、毛沢東思想」が、この社会における一個の強固な、いわば文化装置として機能していたからである。その階級闘争理論は土地革命およびその後の合作化の過程において、「郷紳社会」的倫理、秩序思想を打ち砕くとともに、共和国におけるさまざまな運動展開のなかで、最も根本的なテーゼとして働いていた。そしてこの時期、学術、文学、芸術等、文化事象におけるいっさいの表現、またそこでの批判、論争は、やはりこの「主義、思想」によって厳格に規定されていたといっていい。

歴史的展開そのものについていえば、毛沢東の時代は、たしかに初期の「新民主主義」時期から「過渡期の總路線」「大躍進」、そしてまた「中ソ対立」「文化大革命」とはげしく揺れ動いた時代であった。その意味では、この時代はシステム的安定というのとはまるで逆に、その社会内部でさまざまな意味あいにおける巨大なマグマを次々に噴出させ、そしてまた外部世界に衝撃を与えていた時代である。しかしそれにもかかわらず、毛沢東の時代の中国は、統体として一定の明確な枠組みをもち、かつ、それぞれの領域において、鮮明なシステム・モデルに従って組織化された社会だった。それは、毛沢東・革命イデオロギーが貫徹する、かえって原理的に凝結された社会だったとも表現できるだろうか。

4　「改革開放」の時代——欲望の解放、そしてナショナリズムとデモクラシー

さて、毛沢東の死（一九七六）によって終結した文化大革命のあと、鄧小平による「改革開放」の時代が始まる。その流れは、「経済特区」の設定から人民公社の解体、市場原理の導入、他方、民主化運動と「六四・天安門事件」（一九八九）、そしてさらなる改革開放、経済発展へと、曲折を経つつ現在にまで至っている。共和国史を分かつこの時代を生み出したもの、そしてそれを動かす動因となっているものは、何であるのだろうか。

　これに対する答えは、実にさまざまであり得る。改革開放の「総設計師」とよばれた鄧小平の強力なリーダーシップ、貧窮からの脱却と生産の向上を求めた人民大衆、先進技術からの立ち遅れに対するはげしい痛覚等々——究極のところ、それはトータルには、やはり体制の「改革」と外部世界への「開放」と表現するほかないような歴史的推力であった。

だが、前世紀後半以来の長い歴史のなかで眺めるとき「毛沢東・後」のこの社会全体のなかに埋めこまれた基本的な動因、それを最もシンボリックに表現したものは、鄧小平によるいわゆる「先富論」であったように私には思われる。その核心的な意味内容を一言でいうならば、それはこの社会におけるいわば「欲望の解放」（の承認）にほかならない。一九八〇年代の半ば、鄧小平はいくつかの談話のなかで「一部の地区、企業、人々が先に豊かになること」を奨励した。それは、「改革開放」の動きを前へと進めるためのきわめて鮮明なスローガンだった。もっともこの主張が、手放しの「富」への突進を意味していたわけではない。むしろそれは、〝可能な先進部分が先に裕福になる（先富起来）とともに、それを通じて落伍部分を助け共同富裕の道を歩む〟ことを求めるものだった。しかし、それにもかかわらず、この「先富論」の提起は、まさしく「富裕」の追求を正面から公認することによって、この社会に「富」への欲望の解放をもたらしたのである。八〇年代初頭以来、たしかに民間には「向銭看《シアンチエンカン》」と呼ばれた「拝金主義」の風潮が急速に拡がっていた（「改革開放」における「向前者《シアンチエンカン》」＝「前向きに考える、前方に目を向ける」という党の呼びかけに対し、その同音をもじった流行語）。それは、時代の転換のなかでの民衆のごく自然な反応だったともいっていい。ただ、そうした風潮を背景としつつも、「先富論」はそれとは別の次元において、明らかにひとつの重要な命題を提示していたのである。すなわちその主張は、何よりも「富」を求める主体そのものを前提、肯定し、そしてまさしくその主体的行動のなかに「改革開放」を推し進める動因を見出していたのである。それはまた、こうした主体こそが社会の有力な構成分子であることの承認であった。そしてこの欲望主体の肯定は、それまでのいわば凝結されていた社会システムを徐々につき崩し、やがて奔流のような動きを生み出した。それこそはやはり八〇年代以降の中国が示し出した動態の背後にひそむ基本的動因のひとつだったといってたぶん決して誤りではないだろう。

だが、私はこのあたりで、本稿の主題であるデモクラシー、またナショナリズムの問題へと立ち戻らなければならない。

まず結論的にいうならば、中国社会がそうした欲望＝経済主体によって構成されていることがひとつの前提となったとき、この社会は初めて近代デモクラシーの原理的挑戦を受ける契機を内包することになった。考えてみれば、一部の地区、企業、個人が「先に豊かになる」というとき、具体的にその先進性を付与ないし保証するもの、その条件ははたして何であろうか。利益追求のチャンスは、この組織化された社会においてどのような形で存在していたのだろうか。あるいは利益追求が権力の介在をともないつつ行なわれた場合はどうか。現実の歴史過程においてみれば、鄧小平の「先富論」は、一方ではそれまでの平均主義的拘束に対する精神的打破を呼びかけると同時に、他方、党内のいわば「抵抗勢力」に対して、改革開放の推進をめざすものだった。だが、そうした政策的意図、その推移と並行して、このとき人民共和国は、この国がさまざまな経済主体によって構成される政治社会であること、したがって個々の富裕追求に当たっても、そのためのなんらかの基本的ルールを必要とするという暗黙の要請を自らの内部に抱えこんだのである。

八〇年代いっぱいをかけて、経済体制の改革は、ある面ではゆっくりと、ある面では急速に進行した。すなわち、計画経済から商品流通経済、市場経済への転換のなかで、巨大単位（国営企業）の改革、また双軌制（二重価格制）の出現、郷鎮企業、第三次産業の展開等々。そしてそれに寄りそうような形で推し進められた政治体制改革の試み。だが、共和国の巨大な体制転換の過程で、最初の大きなきしみが八〇年代末に現われる。すなわち八九年の「六四・天安門事件」である。そしてその核心的な主題は「政治の民主化」——デモクラシーの要求だったのである。なかでもこのとき、最も批判の対象となり、運動の重要な直接的契機のひとつとなったのが、「官倒」＝官僚ブローカー、すなわち権力による利益の先占あるいは専占であったことは十分に想い起こしておいてよいだろう。この民主化運動は、政治社会を前提に、人々がその構成分子として、まさしくその地点から異議申立てを行ない、あるいは政治参加を要求するという、原理的政治批判を含んでいた。それは集合体としての「人民」の「民主」「民権」の要求ではなかったし、また「政治上の民主と自由」の要求という運動的スローガンの問題でもなかった。そこに「民主」あるいは「民主化」問題の内包に関する重要な歴史的変化を想定することは、それほど誤りではないだろう。「六四事件」をめぐる現実の政治過程は、ここに登場したさまざまなアクター間の政治力学によってはなはだ複雑である。しかし、この「民主化運動」が、改革開放期以降の中国におけるデモクラシー問題の所在をかなり鮮明に示し出していたことは疑いを容れない。

さて、このように辿ってきた「改革開放」の社会変動は、それこそ十数億人の人々が二〇年以上にわたって展開しつつある巨大な動きである。そしてそれは世紀をこえて現在までつづいている。デモクラシーに関する前述のような考察をひとまず提示しつつも、いま一度、マクロな視座に立って「改革開放」時代を捉えなおし、ここでの課題に接近してみなければならない。

①政治システムとしては、共産党が依然として「一党独裁」を堅持していることに変わりはない。この体制そのものはほとんど変動をみせていないといってよいだろう。②社会システムとしての「単位社会、人民公社」体制はほぼ完全に解体し、それは基本的に「家族・宗族・個人」単位の社会および現代産業社会へと変化したといってよいように思われる。そして③体制イデオロギーとしての「マルクス・レーニン主義、毛沢東思想」は急速に姿を消し、多様な外来文化の流入、他方、伝統思想・文化の喚起といった状況のなかで、現在、かろうじてそれに代わる位置を占めるのは、「愛国主義」であるだろう。中国共産党による「愛国主義教育」を起点とする「愛国主義」思想、そしてまた広く「愛国主義」的感情を文化システムと位置づけることは、むろん逸脱にすぎる。だが、それにもかかわらず、いま共和国を最大公約数的にまとめあげる「主義」「思想」が、こうした形をとって作動していることは、おそらく否定し得ないところではないだろうか。

このような歴史・現状把握のなかで、最後にあらためてデモクラシーとナショナリズムの側からの接近を試みよう。ここで「一党独裁」と「愛国主義」は、それぞれストレートに政治的デモクラシーとナショナリズムの問題へと接続するだろう。まずは後者から始めよう。

「愛国」ナショナリズムの対象は中華人民共和国である。そしてそれを構成する成員は「中華民族」である。「中華民族」という語彙および概念は、二〇世紀初め梁啓超によって造語されたとされるが

（加々美光行『中国の民族問題』岩波現代文庫、二〇〇八年、一六頁）、その内実は歴史的には一九三〇年代、抗日戦争期に形成される。顧頡剛は、日本による「満州国」の建国、また「蒙古」の徳王に対する工作などにはげしい危機意識をつのらせ、「中華民族はひとつ」と主張した。古代以来、さまざまな意味あいにおける各族の融合が進んだのであり、それゆえに現在では、「民族の二字の使用は絶対に慎重でなければならず、対内的にはいかなる民族の別もなく、対外的にはただ一個の中華民族が存在するのみ」（「中華民族是一個」一九三九年二月、『中国現代学術経典　顧頡剛巻』河北教育、一九九六年、所収）なのである。そしてその流れは、現代における費孝通の「中華民族多元一体格局（構造）」論という準公定学説にまで至っている。だが一方で共和国は約九二パーセントを占める漢族とともに、合わせて五六の民族から成る多民族国家である。この多民族国家・中国が、歴史的に「天下的王朝・中国」に由来し、さらに大清帝国の版図を受けついだ、民国の「五族共和」という前史をもつことも、つけ加える必要はあるまい。「中華民族多元一体格局」という歴史認識と「民族区域自治」原則を基本とする「多民族国家中国」の現実は、どういう形で整合性をもち得るのだろうか。

「愛国」ナショナリズムは、一九世紀中葉以降のいわば屈辱の歴史を背景に、共和国の富強を望んで高揚を続けるだろう。しかし、「一体」と統一を求める「愛国」ナショナリズムは、「多民族国家」の現実のなかで、時としてはげしい摩擦を惹起する。そしてそれが強烈な亀裂を呼び起こすのは、さまざまな政治、社会状況を前提にやはり宗教を契機とする場合である。いわゆる「チベット問題」、そして「新疆ウイグル自治区」の動乱が広く耳目を集めるなかで、この点について喋々する必要はまったく存在しない。つとに顧頡剛は、「中華民族は一つ」と強く主張しつつも「文化方式によっていえば、中国には〝漢文化集団〟と、イスラム教を信仰する〝回文化集団〟と、そしてラマ教（＝チベット仏教）を信仰する〝藏文化集団〟の三つが存在する」と述べ、「われわれは逐次国内の各種各族の境界の消滅につとめつつも、なお人民の信仰自由と各地の固有の風俗習慣を尊重しなければならない」（前掲）と説いていた。政治問題へと転化するこうした民族問題が、どのような形で解決され得るのかは、現在まったく予想することができない。政治と宗教をめぐる問題は長い歴史をもち、かつ世界のさまざまな地域においてなお容易には解決しがたい課題だからである。それは、きわめて長期の過程を必要とするだろう。同時に、そうした過程のなかにあって、「愛国主義」はやはりあらためてその内実を問いなおされねばならない。そして、この問題は実は広く中華人民共和国のアイデンティティという課題へとつらなっていくものでもあるだろう。

さて、他方、一党独裁体制が、通常の意味において、いわゆる「デモクラシーの政治」に反することは、常識的な見方に属している。そうした点からすれば、現代中国の「政治システム」は、デモクラシーからの原理的挑戦を受けているといっていい。じっさい「政治の民主化」はすでに改革開放以来、共産党自身においても取り上げられてきた課題（鄧小平）であり、さらに広く国の内外において論じられてきたテーマである。そしてそこで描き出される構図は、たとえば選挙制度のあり方から人民代表大会制の機能、さらに多党制あるいはコーポラティズムに至るまではなはだ多様である。だが、広大な国土、一三億の人口、すでに半世紀以上にわたる共産党一党制の存在、そして長い歴史と、その固有の政治文化を考え合わせるとき、この国の「政治の民主化」にゾンデを入れるためには、さまざまな尺度の準備が必要である。これまでの考察をも前提に、そしてこの国の政治、社会構造との関連において、その民主化のあり方は重層的に捉えられねばならないだろう。

ここ一〇数年来、基層政権の建設という政治課題が提起されるなかで、「基層民主」が大きく主張、推進されている。そしてその展開は、人民公社解体以後の広大な農村においていっそう顕著である。「村民自治」というべきその施策は、村民委員会主任すなわち村長の直接選挙、財政公開その他を含む、村の政治の制度的民主化である。もっとも、現実におけるその推移は、これまでの農村における党組織との関連、あるいはまた土着的な郷村組織、宗族のあり方、そして経済化の大波等々との関連のなかで、きわめて多種多様であり、その実態、またその意味あるいは重みを確定することは容易ではない。しかしそれにもかかわらず、基層民主とよばれるものがもつ意味あいは、原理的にはきわめて重要である。なぜならそれは、この国に拡がる厖大な数の末端農村が、人民共和国という政治社会を構成する細胞として、デモクラシーの原理によって運営されることを主張するものだからである。「基層民主」の前途を単純に予測することはむろんできないが、それは疑いもなく民主化という課題におけるひとつのメルクマールとなるだろう。

しかし他方、共和国政治の上層には「党の指導」を大前提とする別の基本的な原理が働いている。それは、この国の誕生以来の核心的政治原則であり、あるいは見方によっては、より歴史的な淵源をもつ政治風土に裏打ちされたものであるかもしれない。そうした現実のなかで、ここでさしあたり求められるべき尺度は、いわば権力の透明化であるだろう。権力の行使において、あるいは権力の継承において、それが透明化され、あるいはルール化されるということが、ここでの民主化の尺度のひとつである。

そしていまひとつ、いまや経済発展とグローバリゼーションのなかで急速に発展し、生活・行動様式、社会意識等において新たな相貌をみせる沿海、都市地域に焦点があてられねばならない。そこでは、おのずと最も広義における市民社会部分あるいは公民社会部分が生み出され始めている。それは、改革開放による凍結社会の解体以降、次第に形成されつつあるひとつの社会結合の様式である（たとえばＮＰＯ、ＮＧＯなど）。そして、経済、文化、情報等々を含め、そこに新たに出現する市民生活の基盤形成に要求されるのは、社会ルールの法制化、すなわち「法治」の推進であるにちがいない。そうした領域のなかに、やはりデモクラシーにかかわるひとつの尺度が存在している。そして、こうした多層構造のなかでのさまざまな動きの全過程の渦中に、現代中国における政治の民主化の現実態が示されていることになるだろう。

いま、現政権が国民に提示している基本目標のひとつは、「和諧社会（調和社会）」の建設である。それは、富強中国の希求を出発点に、改革開放による経済発展の進行のなかで、この国に出現したさまざまな矛盾――都市と農村、また沿海部と内陸部、西部地区の間のはげしい格差、さらには環境破壊等々――の解決のために掲げられた大スローガンである。それが、今後の中国の前途を規定する最もマクロなビジョンであるとして、その「和諧」はどのような方式によってもたらされることになるのだろうか。そこにはこの国におけるナショナリズムとデモクラシーのゆくえもまたひそんでいるにちがいない。

［参考文献］

野村浩一『近代中国の政治文化――民権・立憲・皇権』岩波書店、二〇〇七年。

孫文『三民主義』全二巻、安藤彦太郎訳、岩波文庫、一九五七年。

西村成雄『中国ナショナリズムと民主主義――20世紀中国政治史の新たな視界』研文出版、一九九一年。

毛里和子『〔新版〕現代中国政治』名古屋大学出版会、二〇〇四年。

田島英一『弄ばれるナショナリズム――日中が見ている幻影』朝日新書、二〇〇七年。

加々美光行『中国の民族問題』岩波現代文庫、二〇〇八年。

東中欧における民主化とナショナリズム——チェコスロヴァキアの事例から

林 忠行

1　はじめに

一九八九年六月、ハンガリー共産党は「プロレタリアート独裁」原則を放棄すると宣言した。同月、ポーランドでは共産党と自主労組連帯などの在野勢力との合意に基づき選挙が実施され、九月に連帯運動のタデウシ・マゾヴィエツキを首相とする新政府が誕生した。その後、体制変動の波は他の東欧諸国やソ連へと広がり、民主化と市場化という体制転換がそれに続いた。その過程でこの地域の三つの連邦国家、ソ連、ユーゴスラヴィア、チェコスロヴァキアが分裂し、前二者では武力紛争が発生した。チェコスロヴァキアの分裂は武力紛争をともなわず、交渉によるものであった。一九八九年一一月からの同国の体制変動は短期間での合意形成によるもので、滑らかな肌触りの良い革命という意味で「ビロード革命」と呼ばれたが、それとの対で約三年後の分裂は「ビロード離婚」といわれた。ここでは、チェコスロヴァキアにおける体制変動から連邦分裂にいたる過程を素材に、東中欧での民主化とナショナリズムについて考えてみたい。

2　デモクラシー、ナショナリズム、連邦制

具体的な事例をたどる前に、デモクラシーとナショナリズムの関係について筆者なりの整理をしておこう。デモクラシーの根幹は多数派の意思に基づく統治にある。煎じ詰めれば多数決ということになる。ただし、さまざまな「形容詞付きデモクラシー」が論じられているように、実際の形態は多様である。いずれにせよ、多数決が成立するためには統治の単位、つまりメンバーシップと領域の確定が必要である。デモクラシーとナショナリズムの問題もそこから浮上する。

ベネディクト・アンダーソンによれば、ネイションは「想像の共同体」ということになるが、デモクラシーが成立するためには、その単位となる人間集団が「共同体」なるものを形成しているという前提が必要になる。多数派の意思を少数派が受け入れるためには、意見の差にもかかわらず、両者の間に運命をともにするという意識、つまり共同体という意識が必要だからである。近代国家におけるデモクラシーはネイションの存在を前提とし、近代国家は「ネイション・ステイト」であることが建前とされる。ナショナリズムがネイションの形成や強化を目的とする思想や運動であるとするなら、ナショナリズムはデモクラシーの成立に不可欠なものとさえいえる。とはいえ、本書のこれまでの議

論で指摘されているように、既存の国家のなかで複数のナショナリズムが争う場合や、過剰なナショナリズムが少数者を同化や排除の対象とする場合に紛争が生じる。「ネイション・ステイト」という物語を人々が共有することは多くの地域において容易ではない。

連邦国家の成り立ちもさまざまで、連邦と構成単位との間の権力配分については大きな差があるが、いずれにせよ連邦というレベルでの意思決定にはそれぞれの構成単位の意思を尊重する手続きが必要であり、例えば多数決においては単純な過半数よりも厳しい条件が設定され、人口の少ない構成単位に一定の拒否権が与えられたりする。そのような制度の下でも多数派の寛容や少数派の抑制は必要であり、連邦と構成単位の両方で二重の共同体意識が必要となる。しかし、そのような二重の共同体意識の実現も実際には容易ではない。

3　チェコスロヴァキア国家の領域と住民

一九一八年末、ハプスブルク帝国の崩壊にともなって、チェコスロヴァキア国家は誕生した。現在のチェコ共和国の領域は、ボヘミア、シレジア、モラヴィアという中世以来の三領邦国家と重なるが、シレジアの大半はマリア・テレジア時代に失われたので、現在のチェコに残るシレジアはその断片にすぎない（地図1）。一八六七年以降のオーストリア＝ハンガリー二重君主国でも、これら三邦はそれぞれオーストリア側の行政単位であり、また同時にこの三つの単位が「聖ヴァーツラフ王冠の諸領邦」としてひとまとまりの領域であるという意識も存在していた。現在のチェコの領域を画する境界線は長い歴史のなかで作られたのである。

他方、現在のスロヴァキア共和国の領域はハプスブルク帝国時代のハンガリー王国領北部に位置し、スロヴァキアの西部から北部を経て東部にいたる境界線は、かつてのハンガリー王国北部国境と重なる。しかし、現在のスロヴァキア領が王国内でひとつの行政単位を形成したことはなく、スロヴァキアとそれ以外の王国内の地域とを画する行政上の境界線は存在しなかった。現在のスロヴァキアの南部国境は、一九一八年のチェコスロヴァキア国家樹立後、ハンガリー革命に対する干渉戦争などの武力紛争を経て画定された。なお第一次世界大戦後、スロヴァキアの東側に隣接する地域が「ポトカルパツカー・ルス」という名称でチェコスロヴァキア領とされた。第二次世界大戦後、この地域はソ連に割譲され、現在はウクライナ領となっている（地図2）。

チェコやスロヴァキアを含む東中欧のナショナリズムは、言語を核とするアイデンティティに基礎をおく。多言語世界であったハプスブルク帝国及びそれを構成する諸邦において、言語ナショナリズム間の対立が続いた。独立後のチェコスロヴァキアも多言語社会であり、言語集団間の対立は引き継がれた。

チェコ語とスロヴァキア語はともに一九世紀に独自の正書法を確立していたので、異なる言語として形成された。しかし両言語は西スラヴ語群に属するごく近い関係にあり、それぞれを母語とする者

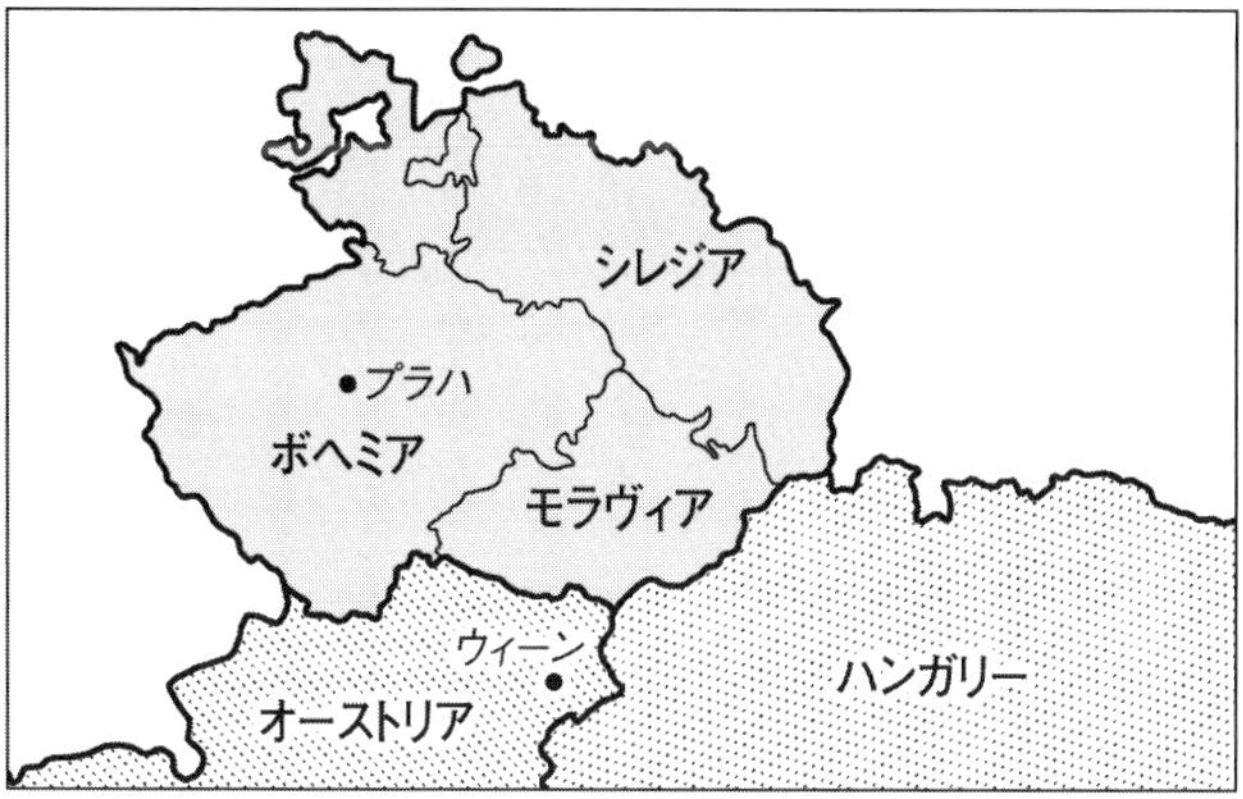

地図１　1526 年頃の聖ヴァーツラフ王冠の諸領邦

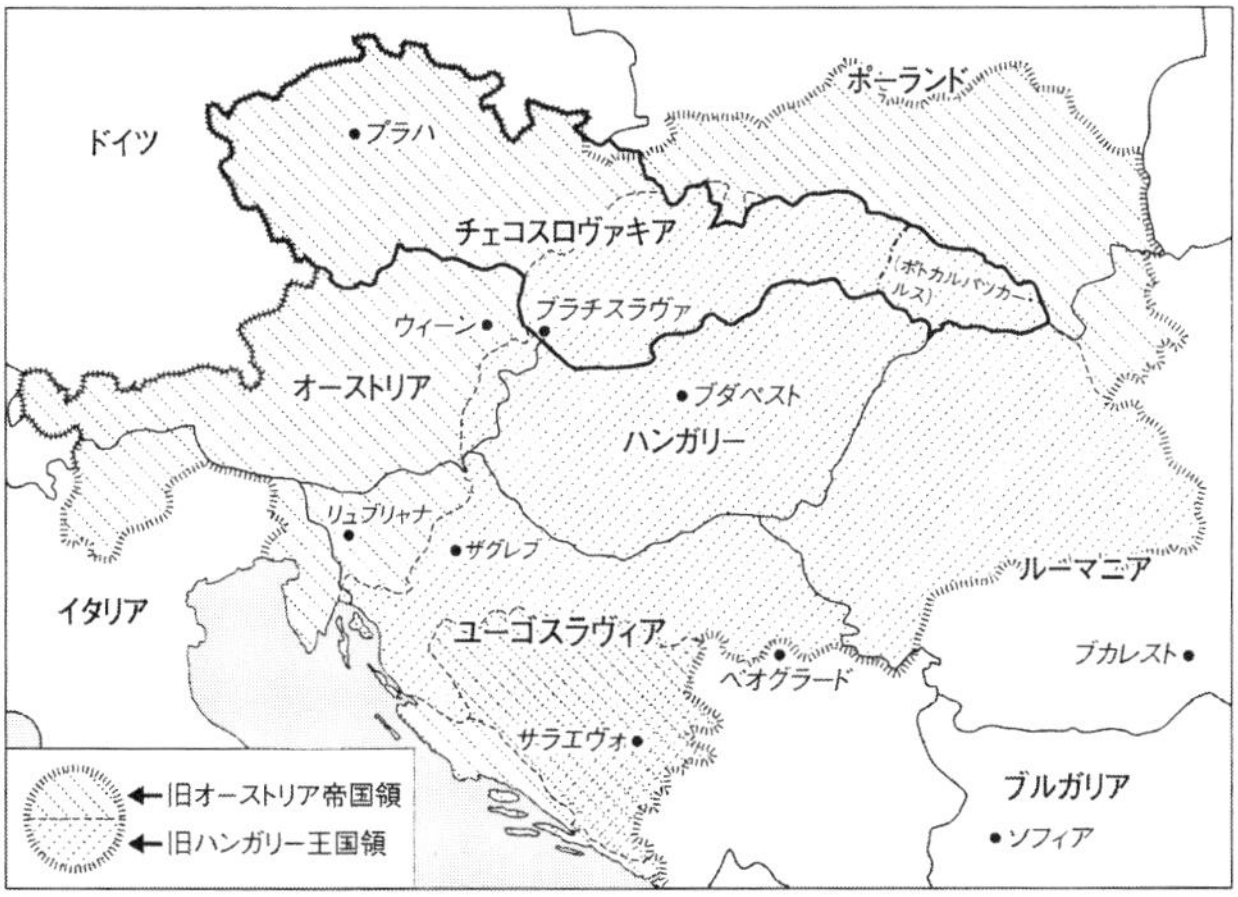

地図２　両大戦期東中欧

同士であれば、意思疎通にはさほどの問題はない。一九一八年から三八年までのチェコスロヴァキア第一共和国では、チェコ人とスロヴァキア人は、すなわちチェコ語とスロヴァキア語を母語とする人々は、ひとつのネイションであるという「チェコスロヴァキア主義」がとられ、また単一国家という統治形態が採用されていた。この時期の政党政治では、連立政治の軸を形成した農業党と社会民主党がチェコ人とスロヴァキア人の両方にまたがる全国政党として存在していたので、この時期においては「チェコスロヴァキア主義」を支える政治的な基礎はそれなりに存在していた。しかし、この時期にスロヴァキア人ナショナリズムを代表したスロヴァキア人民党は、スロヴァキア人は独自のネイションであり、スロヴァキアに高度な自治を認める連邦制が採用されるべきと主張していた。

第一共和国が抱えたもうひとつのナショナリズムをめぐる問題は、「チェコスロヴァキア主義」で国家形成の主体とされた「チェコスロヴァキア・ネイション」の外におかれた人々、つまりチェコ語、スロヴァキア語以外の言語を母語とする人々の存在であった。とくにドイツ語使用者は全人口の約四分の一を占めていた。ドイツ人諸党もまたドイツ人居住地域に自治を認める連邦制を要求していた。

両大戦間期の第一共和国は東欧では例外的にデモクラシーが機能した国とされる。言語集団ごとに社会利益を代表する複数の政党が形成された。一九二〇年代後半からはチェコ人、スロヴァキア人、ドイツ人を含む連立政権が政党の組合せを変えながら継続した。単一国家という政体に不満をもつスロヴァキア人もドイツ人も、連立政治参与をとおして当面の具体的利益を追求することを優先したといえる。この時期のこの国の政治は「柱状化社会」における「多極共存デモクラシー」の一例と見なされる。言語集団ごとに政党政治は編成されていたが、さまざまな利益政治が作動し、それが言語集団の溝を埋めていた。例えばチェコ人、スロヴァキア人、ドイツ人の農業利益を代表する諸党は農業関税維持に共通利益を見出していた。しかし、このような微妙なバランスの上に成立したデモクラシーは、一九三〇年代の経済危機や隣国ドイツでのナチス台頭により動揺し、一九三八年のミュンヘン会議を経て第一共和国は終焉を迎えた。

第二次世界大戦後、チェコスロヴァキア国家はその地位を回復するが、三〇〇万に及ぶドイツ人はナチスに協力したという「集団的罪」で追放された。これによってチェコスロヴァキアは、ドイツとの間で深刻な「歴史問題」を抱え込むが、チェコの内政からドイツ人にかかわるエスノ・ポリティクスという要因は消えた。戦後、スロヴァキア南部に居住するハンガリー人とハンガリーに居住するスロヴァキア人の間で住民交換も実施されたが、これは途中で中止となった。現在、ハンガリーとの国境地域に居住するハンガリー人はスロヴァキア人口の約一割を占め、ここではエスノ・ポリティクスが政治の重要な規定要因となっている。

戦後の連立政権期を経て、一九四八年には共産党支配体制が樹立され、それは一九八九年まで続く。戦後国家は「チェコスロヴァキア主義」を放棄し、チェコ人とスロヴァキア人の二つのネイションからなる国家となるが、単一国家という統治形態は継続された。しかし一九六八年の改革運動「プラハの春」がソ連の軍事干渉によって挫折したのち、翌六九年からチェコスロヴァキアはチェコとスロヴァキアという二つの単位からなる連邦国家となった。

4　一九八九年以降の連邦政治

一九八九年一一月にチェコスロヴァキアでも民主化要求の波が高まり、同国共産党はポーランドやハンガリーに続いて権力の独占を放棄した。在野諸勢力と共産党による暫定連立政権が成立し、一二月には「プラハの春」の指導者、アレキサンデル・ドゥプチェクが連邦議会議長に就任、新議長の下で異論派を代表する劇作家、ヴァーツラフ・ハヴェルが新大統領に選出された。その後、選挙法や政党法などの制定を経て、翌九〇年六月に自由選挙が実施された。この選挙で勝利を収めた非共産諸党による連立政権が作られ、体制転換の過程は本格化する。

政治変動後の連邦制度の骨格は一九六九年に採用された制度を大筋で引き継ぐものであった。連邦議会は両共和国に人口比で議席を配分する人民院と、両共和国が同数の七五議席をもつ国民院（原語では「国民」は複数形なので、「両国民院」という意味になる）からなる。両院は対等で、法律は両院での可決を要するが、予算などの重要法案は人民院と、国民院のチェコ選出議員団及びスロヴァキア選出議員団のそれぞれでの絶対多数による議決を要し、さらに大統領選出や憲法改正については、それぞれの全議員の五分の三以上の賛成が必要とされた。なおチェコ人のハヴェルが大統領、スロヴァキア人のドゥプチェクが連邦議会議長に就くという権力配分の形も、共産党時代に作られた慣習によるものであった。

この制度が採用されたときには、共産党が政策決定のすべてを独占していたので、議会がそれに沿って作動することはなかった。共産党体制が崩壊し、民主化が始まるとようやくこの連邦制度も機能しだすが、同時に多くの問題も露呈することになる。

前述の一九九〇年選挙で選出された議会は憲法制定議会であり、また市場経済化の基礎となる私有化の制度的枠組みを定めることも課題とした。その意味ではこの議会も暫定的な性格をもち、任期は二年間とされた。この二年間で新憲法を制定し、あらためてその下で選挙が行なわれるはずであった。この時間設定はその後の政治過程に影響をもつことになる。

一九八九年以降の政治変動を主導したのはチェコの「市民フォーラム」（以下、「フォーラム」と略す）とスロヴァキアの「暴力に反対する公衆」（以下、「公衆」と略す）であった。両組織とも左右にまたがる多様な組織や市民の連合体で、民主化と市場化という大原則で結合していた。一九九〇年選挙で両組織はそれぞれの共和国で首位に立ち、連邦議会では両者を軸とする連立政権が作られ、各共和国でもそれぞれが他の政党と連立政権を作った。

選挙後に連邦政府が取り組んだ最重要課題は国有企業の私有化であった。選挙前から私有化をめぐる議論は始まっていた。チェコ人で「フォーラム」に属するヴァーツラフ・クラウス連邦財務相（現チェコ共和国大統領）らを中心とする自由主義派のエコノミストたちは可能な限り速やかな市場経済への移行を求め、一連の急進的私有化関連法案を用意し、「フォーラム」と「公衆」の主流派がそれを支持していた。他方、「フォーラム」内の社会民主派など左派グループは国家主導で経済構造改革を漸進的に進める方法を提案し、クラウスらの改革案に反対した。これについては、「公衆」内の中道左派やナショナリスト派が同調していた。さしあたり経済改革に関する連邦政府案は多数派の支持を確保し、連邦議会で可決された。複数政党政治の下でも連邦制度はそれなりに機能するかに見えた。

一九九一年に入ると政党の再編が進行した。チェコの「フォーラム」では、明瞭な政治経済綱領を掲げる政党への転換を求めるクラウスらのグループと、それまでの幅広い市民の連合体という性格を維持しようとするグループの間で対立が生じ、前者は市民民主党を、後者は市民運動という政党を立ち上げた。また「フォーラム」内の社会民主派議員は議会外政党であった社会民主党に合流した。スロヴァキアの「公衆」でも、現行の連邦制度を支持するグループと、共和国の権限をより強化することを求めるナショナリズム派との対立が生じた。この時点では前者が多数派を占め、後者の指導者で、スロヴァキア政府首相であったヴラジミール・メチアルは首相職を解かれた。その後、メチアルは「公衆」から離脱し、民主スロヴァキア運動という政党を組織した。

このような政党の再編は私有化関連法案の審議などと並行して進んだ。政党の再編は議会での審議過程を複雑なものにはしたが、連邦議会の規則に沿って両共和国にわたる多数派の形成は可能であり、この段階では政府案の可決は可能であった。しかし、将来の連邦制度のあり方をめぐる議論は出口を見出せないまま迷走することになる。

チェコ人とスロヴァキア人との間の共同国家の形をめぐる議論は、体制変動直後の国名と国章をめぐる議論から始まった。一連の議論の末、一九九〇年三月にチェコスロヴァキア連邦共和国という名称（スロヴァキア語ではチェコとスロヴァキアの間にハイフンを入れた綴りも認められることになっていた）でひとたび決着がついた。しかし、すぐにスロヴァキア側から再改称を求められ、最終的には翌四月に「チェコ及びスロヴァキア連邦共和国」という名称に落ち着いた。同じように国章についても両共和国が対等であることを強調する形への変更が行なわれた。

一九九〇年選挙後に連邦と構成共和国の権限配分をめぐる議論も始まった。連邦議会での議論が行き詰まると、両共和国政府と議会の指導者による二者交渉や、連邦代表を加えた三者交渉などが開催地を替えながら進み、それはさながら主権国家間の外交交渉を思わせるものになった。チェコ側は「機能する連邦」という表現で、連邦の権限を維持しようとしたのに対して、スロヴァキア側は「真の連邦」という表現で、主権をもつ二つの共和国の合意に基づいて新しい連邦が再樹立されることを求めた。両者の隔たりは小さくなかったが、この時点ではともかくも妥協は可能で、同年末に憲法を改正し、連邦が共和国の決定を無効とする権限が廃止された。それまで連邦と共和国がともに権限をもつとされていた農業、交通、治安などに関する事項が原則として共和国の権限とされ、国有財産が連邦と共和国で分割され、一定の範囲で共和国は外国との協定を締結する権利も得た。ただし、単一の中央銀行と通貨は維持された。これらの交渉は一九九一年度予算の連邦及び両共和国間での配分に関する交渉と連動し、複雑な駆引きがなされた。チェコ側はこのときの妥協を最大限のものと感じていたのに対して、スロヴァキア側はさらなる共和国権限拡大への第一歩にすぎないと考えており、両者の認識にはかなりの相違があった。

連邦の形態に関する協議はその後も継続されたが、一九九二年六月の国政選挙が迫るなかで、スロヴァキアのナショナリズム派（民主スロヴァキア運動、スロヴァキア国民党など）は、選挙前にチェコ側となんらかの妥協を行なうことは得策でないと判断し、またチェコ側でもこれ以上の議論は無駄であるという雰囲気が広がった。こうして新憲法についての合意ができないまま体制変動後二度目の自由選挙を迎えたのである。

5　一九九二年選挙と連邦の解体

一九九二年選挙では、経済改革の方法をめぐる問題と共同国家のあり方をめぐる問題が主要な争点となった。チェコでは、市民民主党が党首クラウスの持論に沿ってマネタリスト的な均衡予算、インフレ抑制策を掲げ、連邦政府によって開始された急進的市場化政策の続行を求めた。連邦問題について同党は、連邦政府がその経済政策を実行しうる権限を保持すべきであり、それが不可能であるなら共同国家の維持そのものを再考すべきであるという立場をとった。それに対して社会民主党などの左派系諸党はより漸進的な経済転換政策と連邦維持を掲げた。

スロヴァキアでは、急進ナショナリズムを代表する国民党がスロヴァキアの完全独立を掲げていた。

メチアルの民主スロヴァキア運動は漸進的経済改革を求めつつ、共同国家については主権をもつ両共和国の合意による国家連合の形成を提案していた。体制変動後にメチアルが政界に現われたときは、むしろ連邦主義者であると見なされていたが、次第に共和国権限の強化を主張するようになっていた。一九九〇年選挙で独立を掲げる国民党が約一四パーセントの票を得て善戦したことが影響したといわれる。選挙後、スロヴァキア政府首相という立場を利用して、メチアルは選挙民に対して「チェコ人に対して物言うことができる強い指導者」というイメージを演出し、それは成功を収めた。

ナショナリズムにかかわる対立を増幅する要因として「経済格差」がしばしば指摘される。「進んだ工業国」であるチェコと、「遅れた農業国」であるスロヴァキアとの対立というイメージをもつ人々は少なくないが、それは誤りである。少なくとも産業人口や工業生産などの統計で見る限り、一九九〇年代初頭のスロヴァキアはチェコとほぼ同じレベルの工業国であった。問題は工業化の過程の差にあった。一九世紀に始まる長い工業化の歴史をもつチェコでは、機械、繊維、食品、窯業など幅広い分野の工業をもっていた。それに対して、共産党時代に急速に工業化されたスロヴァキアでは重化学工業の比重が高く、そのなかにはかなりの規模の軍需産業が含まれていた。ここから共産党時代の遺産の評価と、新しい時代への対応についての人々の認識に差が生じたと考えられる。

かつて欧州において「五指に入る」レベルの工業国であったと自負するチェコ人にとって共産党時代はいわば「失われた四〇年」とでもいうべき停滞の時代であった。その克服は、多少の痛みを覚悟のうえで、短期間の徹底した方法によるべきであった。クラウスらの主張はこうしたチェコ人一般の感覚を捉えるものであった。さらにいえば、共産党時代のスロヴァキア工業への集中投資は、チェコからの資金の移転によるもので、いわばチェコの犠牲のうえになされたものとチェコ人は見ていた。他方、スロヴァキアにおける共産党時代は、それなりに「発展の四〇年」ということになる。市場化を受け入れるとしても、四〇年間の蓄積を無に帰すような方法は避けるべきであり、クラウスらの主導による急進的市場化政策はスロヴァキア工業に大きな痛手をもたらすものと見えた。スロヴァキア人の「プラハ中心主義」に対する批判は、一九九〇年代初頭にスロヴァキアでの失業率がチェコのそれを大きく上回ることで増幅されることになった。さらにハヴェル大統領らが平和主義的な文脈で兵器輸出の放棄を国際的に約束したこともそうしたスロヴァキア側の被害者感覚を刺激した。スロヴァキア国民党の独立論にしても、民主スロヴァキア運動の国家連合案にしても、このようなスロヴァキア人一般に広がっていた感情を最大限に受け止め、スロヴァキアの経済改革はスロヴァキア人の手で進めるという主張を含むものであった。このように、選挙戦の過程で経済転換政策と共同国家の形態をめぐる問題は明瞭な形で連動することになった。

少なくとも右で述べたような連邦制度の枠組みのなかで、チェコとスロヴァキアのそれぞれで異なる政党システムが成長し、各政党は共和国という場で最大得票を目指して、最適と思われる政策を提示するということになった。「フォーラム」は設立当初、連邦全体を対象とする活動を構想していたが、スロヴァキアに「公衆」が設立されたため、チェコのみで活動することになった。その後、連邦政党であった共産党が両共和国の組織に分裂したあと、連邦全体で活動し、かつ得票ができる政党は成長しなかった。組織として連邦全体の利益を体現する政党は存在しなかったことになる。

連邦政府の経済関連諸省ではチェコ人エコノミストたちが主導権を握っていた。したがって、チェコ側の「機能する連邦」という主張は、チェコ人の指導者によるチェコ人の有権者に向けたメッセージであった。スロヴァキア人指導者たちはそれを捉えて、「プラハ中心主義」という批判をスロヴァキア人の有権者に向けて投げかけていたのである。市民民主党も民主スロヴァキア運動も組織されて間もない政党であり、得票はもっぱらマスメディアをとおして伝えられる指導者のイメージに依拠していた。クラウスとメチアルはそれぞれ互いを「敵役」として据えることで支持を集めていた。その意味ではふたりは互いに相手を必要とし、共謀関係にあったとさえいえる。その後、市民民主党も民主スロヴァキア運動もそれなりに組織政党の体裁を整えることになるが、まだこの時点ではマスメディア、とくにテレビを介した「観劇型デモクラシー」とでもいうべきものが強く作用し、それは双方のナショナリズムを強く刺激していたのである。

一九九二年六月選挙において、チェコではクラウスの市民民主党が、スロヴァキアではメチアルの民主スロヴァキア運動が、単独過半数にはいたらなかったものの、他にかなりの差をつけて首位に立った。連邦議会国民院のチェコ選出議員団のなかで市民民主党は七五議席中三七議席、スロヴァキア選出議員団のなかで民主スロヴァキア運動は同じく三三議席を獲得し、それぞれ単独で憲法改正について拒否権をもった。そのような状況のなかで、選挙後にクラウスとメチアルの会談が行なわれた。共同国家の形態については、それぞれの選挙綱領にしたがってクラウスは連邦の維持、メチアルは国家連合への再編を主張し、双方とも相手の主張を拒絶した。選挙戦で約束した経済政策の実現のためには、国家形態の問題では妥協は許されなかったのである。その結果、それぞれが次善の策と位置づけていた共同国家の解体という合意にいたった。そのうえで、クラウスはチェコ共和国の、メチアルはスロヴァキア共和国の首相となり、共同国家解消を任務とする両党による連立連邦政府が作られた。

一九九一年に連邦議会は国民投票に関する憲法律（憲法と同じ効力をもつ法律）を採択しており、連邦維持派は連邦解体の是非を問う国民投票の実施を求めた。もし国民投票が実施された場合、事態はより複雑なものとなるおそれがあった。当時の世論調査によれば、両国民の多数は共同国家の解体には反対であった。チェコ市民の大多数は連邦維持に賛成であり、スロヴァキア市民の大多数も連邦維持もしくは国家連合を支持していた。国民投票が実施されると、その結果は連邦政府及び両共和国政府の意思と異なるものになる可能性が高かったのである。

一九九二年六月選挙のあと、連邦は事実上解体に向けて動き出していた。最終的には一一月に連邦議会が連邦の解体に関する憲法律を可決することで、混乱は回避された。この憲法律の採択において必要とされる五分の三の票を、人民院では二票、国民院のスロヴァキア選出議員団では一票上回ったにすぎず、同院チェコ選出議員団にいたってはまさに全議員の五分の三、すなわち四五票が賛成票であった。チェコの連立与党であった市民民主党と二つの中道右派政党、スロヴァキアの民主スロヴァキア運動と国民党の議員のほかに、これ以上の混乱を回避するために連邦解体に反対していた中道左派諸党から数人の議員が賛成票を投じたといわれている。

6　連邦の解体とその後

スロヴァキアではすでに同年九月に、チェコでも一二月に新憲法は採択された。連邦資産は原則として人口比に応じてチェコが二、スロヴァキアが一の割合で分割されることになり、それに沿って膨大な立法作業が行なわれた。また、連邦解体後、両国は関税同盟を結成し、共通の通貨を維持することが合意されたが、後者についても連邦解体後まもなくそれぞれが独自の通貨を発行することになった（地図3・4）。

ともかくも法的な手続きで、武力紛争をともなわずに共同国家が分割された背景としては、両者が異なる形態の共同国家を求めつつ、分離を受け入れ可能な次善の策としていたこと、両者の間に国境に関する争いがなかったこと、ともに統合欧州への参加を希望しており、それについて阻害要因を作りたくなかったことなどが指摘されている。少なくともこの二つのネイションの間ではともにそのメンバーシップと領域について争いがなかったのである。あえていえば両者のナショナリズムの強さと安定性がこの「ビロード離婚」を可能にしたともいえる。

とはいえ、つぎの点も見逃してはならない。チェコ側では体制変動後にモラヴィア・シレジアで地域主義運動が展開され、チェコ、モラヴィア・シレジア、スロヴァキアからなる三元的連邦の主張がなされた。チェコ側の主流派はこの主張を無視し、スロヴァキア側によればそれはチェコの「内政問題」であった。最終的に新しいチェコは単一国家として成立し、モラヴィア・シレジアの自治論は無視された。また、スロヴァキアで連邦の分裂に最も強く反対していたのはハンガリー人少数派であった。連邦解体によってスロヴァキア・ナショナリズムの影響に直接、曝されることをおそれたからである。独立後のスロヴァキアでは、一九九八年まで続くメチアル政権下でハンガリー人の言語使用に関する権利が制限され、それはEU加盟問題とも連動する国際問題となった。たとえ国家の分割が平和裡になされた場合でも、デモクラシーとナショナリズムにかかわる問題は形を変えて現われていた。

スロヴァキアについては紆余曲折があったが、ともかくもチェコとスロヴァキアは二〇〇四年にEU加盟を果たした。EUは主権国家で構成される国家連合なので、スロヴァキアのナショナリズム派の主張は形を変えて実現したことになる。他方、集権的な性格をもつ連邦の維持を求めていたチェコの市民民主党は、いまやEU内では英国の保守党と並ぶ名うての欧州懐疑派として知られる。かつての市民民主党の連邦制度支持もまた、チェコ的なナショナリズムの表現であったと見るなら、それもさほど不思議なことではない。チェコでもスロヴァキアでも、人々は新たな枠組みのなかで、再度、重層的なアイデンティティを模索している。それは、ハプスブルク帝国時代からチェコスロヴァキア共同国家の時代を経て、EU加盟後の今日まで、この地域の人々が続けてきたことでもある。デモクラシーの形と、その基礎となるナショナリズムのありようの模索は終りのない営みなのであろう。

地図3　1989年東中欧

地図4　現在の東中欧

［参考文献］

林忠行『粛清の嵐と「プラハの春」――チェコとスロヴァキアの40年』岩波書店、一九九一年。

ベネディクト・アンダーソン『〔定本〕想像の共同体――ナショナリズムの起源と流行』白石隆・白石さや訳、書籍工房早山、二〇〇七年。

杉田敦『境界線の政治学』岩波書店、二〇〇五年。

※収録した地図は北海道大学スラブ研究センターが作成したものである。

〈愛国愛教促団結〉について——ムスリムと国家

板垣雄三

1　問題への入口

北京オリンピック開幕のちょうど一年前、私は、北京を振出しに寧夏（銀川・永寧・呉忠など）、新疆（ウルムチ・カシュガル・アルトシュ）、甘粛（蘭州）、青海（西寧・化隆県・循化など）、雲南（昆明・大理・巍山県）、広州、福建（泉州・アモイ）を三週間余で経めぐる旅にでた。中国のなかでムスリム（イスラーム教徒）が多数居住する地域を繋ぎあわせて国内航空や長距離バスやタクシーで移動しながら、土地土地の空気を吸い、人びとの暮らしや雑踏のうちに混ざり込み、偶然の出会いや見聞を楽しみつつ、天下の形勢を思いめぐらすという、まことに自由な行き当たりばったりの見学旅行である。

本稿の表題は、そんな旅の途中で見かけた標語を借りたもの。愛国心とイスラーム熱心とは矛盾しないどころか、それらは両両相俟《ま》って中華民族の団結をつよめる、といったところか。私が格別これに関心を惹《ひ》かれたのは、目立たないかたちで、だが気がつく人には気がつくように、興味ふかい典拠がこの標語から遠からぬ場所に掲げられていたからだ。そちらは、毎年イスラーム暦一二月にマッカ禁寺（聖モスク）に二百万余のムスリムが巡礼をおこなっているという説明にくわえて、アラビア語で「郷土への愛（フッブ・ル＝ワタン）は信仰（イーマーン）に発す」と大書され、その意味が「圣训　爱国是信仰的组成部份」として示されていた。

ここには、ことばの振動を利用した微妙な読替えがある。ワタンとは「人がそこで生まれ居住する場所」、「父祖の地」、「郷里」、「郷土」であり、そこから「祖国」ともなる。Patriotism 愛国心にあたるアラビア語はワタニーヤである。だが、巡礼シーンが象徴するように、人はすべて「アーダムの子孫＝アダム族」（バヌー・アーダム）だとして人類主義を強調するイスラームの立場からすれば、ワタンは本来、国家や国民の鋳型に嵌《は》め込まれるのにはなじまない。「フッブ・ル＝ワタン」を「愛国」と置き換える解釈には、中国でムスリムたちがおかれている困難な立場がそこに反映されているのを見ないわけにいかない。

2　反テロ戦争と中国

九・一一事件のちょうど一年前の二〇〇〇年九月、イスラエルの野党党首シャロン将軍が、武装集団を引き連れエルサレムのイスラーム聖域に押し入る挑発行為によって、パレスチナ人のインティファーダ（占領支配に対する抗議・抵抗運動）の炎をふたたび燃え上がらせた。シャロンを政権の座に押し上げつつインティファーダを強暴・苛酷に弾圧するイスラエル社会。見て見ぬふり、これを放置する「国際社会」。米国で息子ブッシュ政権がスタートを切るのは、そんな最中だった。九・一一にいたるこの時期、私はイラン・湾岸からエジプト・チュニジア・モロッコにかけての一帯にたびたび空気を吸いに出かけた。パレスチナの惨状に手も足も出ない自分の無力さに苛立ち内攻する憤懣が、中東社会の底辺に重くよどんでいるのを実感した。絶望と怒りを閉じ込める圧力釜は、いつ破裂するだろうか。そのため、あるいはその危惧につけ込んで、大惨事が演出されるときが迫っていると、私は警告していた。そして／だが、「九・一一」は起きてしまった。

ユダヤ人迫害の血塗られた歴史にかかわる自らの責任を棚上げしてパレスチナ人に犠牲を負わせるやり方で、「償い」と称してイスラエル国家をつくった欧米が、この不正をどこまで頬かぶりできるか試しながら、先行き道義的負債逃《のが》れの「自己破産」を策して世界に混乱のツケを押し付けていこうとする、そんな「反テロ戦争」時代のはじまりだった。「反テロ戦争」は本質的にイスラエル国家存立のリスク管理戦争である。植民地主義とそれへの抵抗を「民族＝宗教紛争とそれにつけ込む非道なテロ」と言いくるめる欺瞞が効力を失う限界点を探る戦争だともいえる。それは、表向き「よいイスラーム」と「悪いイスラーム」とを区別してみせるが、基本的にイスラーム敵視から足を洗うことができない。欧米中心主義の「自己破産」への鮮やかなステップとも見られる米国オバマ新政権のもとでも、世界の「反テロ戦争」時代は終わらないから、今後「反テロ戦争」の性質は否《いや》というほどますます露わになってくることだろう。

九・一一以降、「反テロ戦争」研究のための私の旅は、会議参加・講演などいわば受身のチャンスを利用する場合のほかに、多くは私なりの目論見にもとづいて計画され実行された。ハノイや北京でアジアの社会科学者と意見交換する、トゥーニスやドーハで世界各地から集まったムスリム知識人と討論する、マレーシアでタイとインドネシアを観望する、韓国・スペイン・イエメン・英国・レバノン・エジプト・イラン（マハーバードなどクルド地域）・湾岸諸国・トルコで／からイラク戦争を見ながら例のごとく空気を吸う、イランから国境を越えアゼルバイジャンのバクーまでの道のりをたどりつつ米国・イスラエルの対イラン攻撃のシナリオやBTCパイプライン（カスピ海原油をバクーからグルジア・トルコ経由でイスラエルに運びアジア市場につなぐ）の未来を考える、インドの国内イスラーム問題と対パキスタン関係の趨勢をながめる、というように。アフガンやイラクやガザだけが「戦場」なのではない。私の行く先々いたるところに、「反テロ戦争」が内在化され日常化させられた社会がひろがっていた。インドネシアは連続する爆弾事件の最中、英国はロンドン地下鉄爆破事件後、インドはムンバイ列車爆破事件後だったが、むしろ私が滞在したじきあとに大問題が起きるのが、なんと普通だったのだ（マドリードでの列車爆破事件、イエメンでの反米指導者フセイン・アル＝フースィー暗殺と内戦開始、ベイルートでのハリーリー前首相暗殺とレバノン・シリア危機、等々）。

私が企てた中国行きも、こんな視察の旅シリーズの一環だった。「反テロ戦争」は、もともと一九七〇年代にイスラエルが考案したもの。八〇年代以降これへの同調を深めていった米国が、二一世紀の開幕とともに、ＮＡＴＯや日本・韓国その他を巻き込んで、全面的に領導・牽引する戦争グローバル化の新時代を押しあけた。だが、九・一一を機にそんな踏み切りを可能にしたのは、国内のイスラーム教徒対策に悩むヨーロッパはもちろんのこと、チェチェンを抱えるロシアや新疆を抱える中国も、イスラーム教徒を抑え込む「反テロ戦争」には反対できないという読みがあったからだ。アフガニスタンを起点に戦場を拡げる、つまり中東の拡張として中央アジアをまず戦域化するうえで、この読みは決定的に重要だった。多極化（ないし新しい国際政治経済パートナー群を拡大的に取り込むこと）と、グローバルな「イスラーム問題」対策を強権的に推進するユニラテラリズム（単独主義）とを、なんとか釣り合わせようという思惑のうえにこそ、「反テロ戦争」時代は成り立っているのだ。

だから、「テロ」および「分離運動」を取り締まる五年間の協力実績を踏まえ「九・一一」の三カ月前に成立した上海協力機構（中・露・中央アジア四カ国）が、イランやインドなどもオブザーバーに加えながら軍事協力ブロック化して、イラン「核プログラム」危機のもとでＮＡＴＯ・イスラエルと軍事的緊張を生じても、それはけっして「冷戦」の再現などではないのである。

カシュガルの裏町の路地を歩くと、民家の壁にペンキ吹付けでウイグル語と中国語とを併記した当局のスローガン的通達が、いろいろ目についた。それらは多くのことを物語っていた。「〃伊斯兰解放党〃是一个暴力恐怖组织」（イスラーム解放党《ヒズブッ・タハリール》はひとつの暴力恐怖組織である）は、中央アジアと新疆とにまたがるイスラーム運動の浸透に対してウイグル住民につよく警告するものだ。雲南でも、回族の党員や学生にイスラーム運動への共鳴や違法なマッカ巡礼を禁じる同様の壁書きを見かけた。「反テロ戦争」の中国局面を、構造的に検討してみなければならない。

3　北京オリンピックの環境

二〇〇八年、中国指導部は、八月のオリンピックというハイライトを目指して国民の士気を高揚させていくはずだった。これに水をさしたのは三月のチベット騒乱であり、五月の四川汶川大地震である。

これと並行して三月以降、米国では、投資銀行ベアスターンズの破綻を皮切りに九月半ばのリーマンブラザーズ破産など大暴発にむかう金融危機の顕在化が進む一方、年初から一段と強化されたイスラエルのガザ封鎖（巨大ゲットーの欠乏地獄化）によるパレスチナ問題の絶望的閉塞状況のもとで、イラン攻撃計画をめぐって割れる米政権内部の暗闘が暴露される。サウジ国王が日本との文明間対話の場を利用して世界の宗教間対話への取組みを表明した（三月）のも、カタルが仲介者となってレバノン内戦回避のドーハ合意を成立させたり、トルコがイスラエル・シリア交渉を斡旋したりした（いずれも五月）のも、米・イスラエルの対イラン攻撃への衝動がひき起こす破局的事態を必死で回避しようとする一種の「平和運動」だった。米国は北朝鮮に対する「テロ支援国」指定の解除を模索しながら（六月、北朝鮮は核計画の申告書提出）、これと対照的に強硬な対イラン制裁へのこだわりも揺れ動いた（七月、米、安保理常任理事国＋独の対イラン交渉に復帰）。

八月のオリンピック大会が近づくと、昆明の路線バス爆破やカシュガルで起きた武装警察隊への襲撃の報道が示すように、チベット問題は後景に退き、主要な妨害要素としてウイグル人の東トルキスタン独立運動とその背後の国際コネクションとに照明があてられる。

しかし、北京オリンピックの国際環境のもっとも重要な局面は、七月に米・グルジア（イスラエルも関与）とロシアとが対抗的に軍事演習をおこなっていたグルジアからもたらされた。いよいよ北京の開会式をひかえた前日の七日夜、グルジア軍は分離独立を求める南オセチア自治州の州都に侵攻、ロシア軍が反撃してグルジア軍を叩く（グルジアは米・英に次ぐ第三の規模のイラク派兵国）。世界の首脳たちが集合したオリンピックは、グルジア・ロシア戦争と重なり合った。それは、米大統領選と繋がりがあるとも疑われた（グルジア大統領サアカシュビリと共和党マケイン候補の外交問題主席顧問でイラク戦争推進の立役者の一人だったシューネマンとの特殊な関係から）。グルジアの失敗は、米国と結ぶポーランドやウクライナの進路にも、「反テロ戦争」の産物であるＢＴＣパイプラインの未来にも、深刻な影を落とした。オリンピック閉会式の翌日、ロシア国会が南オセチアとアブハジア自治共和国のグルジアからの独立を承認するのは、この年二月にセルビアからコソボ自治州が独立するのを米・英・仏・独・日が支持したのと、まさに刺違えの構図である。米国やＮＡＴＯの艦船が黒海に入ると、ロシアの艦船や航空機がベネズエラに送られ、黒海・カリブ海は連結した一問題を形成する。しかもグルジア紛争と並行して、九月には一転して南米ボリビア問題に目を見張る展開が起きた。ボリビア国家の分裂を煽った廉《かど》でゴールドバーグ米大使（着任前はバルカンでコソボ工作の責任者）が追放され、南米諸国連合の首脳会議（サンチャゴ）はボリビアのモラーレス大統領のこの措置を支持したのだ。流れが変わった。オバマ選出の確定前に、「米国の時代」の終わりが露呈された二〇〇八年だった。ほころびと齟齬《そご》こそが「反テロ戦争」の滋養である。一〇月には、原子力供給国グループ（NSG、四五カ国）による例外的承認（九月）を土台に米印原子力協定が発効し、また米国の北朝鮮「テロ支援国」指定解除が実行される。

コソボ―チベット―グルジア―ボリビアという問題連結のもとで、北京オリンピックに取り組んだ中国政府は、きびしい課題に直面した。ロシアから南オセチアとアブハジアの分離独立の承認を求められて、「関係国の対話と協議による適切な問題解決を」との腰がひけた態度を持した。結局、二〇〇八年オリンピックがもたらした結果としてとりわけ目立つのは、ウイグル・回族などイスラーム教徒に対するきわだった統制の強化だったと言えるのではないだろうか。

4　中国社会のムスリム問題

こんにち世界中で「イスラーム問題」がするどく焦点化しているのは、だれの目にも明らかだ。だが、中国内部でもムスリムの動向がことさら注目されるのは、なぜなのか。

中華人民共和国は、その版図でいえば、中華帝国（直接には清朝）および民国の歴史伝統を受け継ぐ存在である。国家統合のうえでもっともセンシティブな要素は、モンゴル・東トルキスタン（回疆）・チベット。そのうち、東トルキスタン（これに甘粛・陝西・寧夏・青海・雲南など西北・西南の回族をくわえたムスリム集住地域）は、問題の諸要素全体を連結するジョイントであり、カギ部分をなす。しかも、回族は中国全土（前記のムスリム集住地域や東北・河南・河北・山東・安徽をはじめ海南島まで）に散らばってもおり、その動向は、中国の少数民族問題だけでなく、中国の政治展開の総体に影響を及ぼすのである。

しかも問題の西北・西南の部分は、国家の枠組を突き破って、一挙に世界へと繋がるポテンシャルを秘めている。事実、一九世紀半ばの十三年間、清朝は新疆を失い、その間隙を縫って成立したヤークーブ・ベク政権はオスマン帝国の宗主権下で英・露と条約関係を結んだ。この西北ムスリム大反乱をつうじて、白彦虎を指導者とする陝西の回民反乱軍は、清朝の政府軍の追撃をかわして甘粛・新疆と転戦しながら、最後はロシア領内に逃れる。また民国時代の一九三〇年代初めには、東干《ドンガン》（回民）反乱に乗じて東トルキスタン・イスラーム共和国がカシュガルに短命であれ出現するが、ここでソ連軍の援助を得て事態を掌握する盛世才政権は、ソ連の影響下でトルコ系ムスリムの政治参加を部分的にすすめた。

新疆が中華人民共和国に組み込まれるのは、四四年以降イリ反乱（三区革命）の発展として、再度姿を現わした東トルキスタン共和国の臨時政府にソ連や国民党が働きかけて成立させた新疆省連合政府が分解する過程をつうじてである。中華人民共和国が成立する四九年には、青年期ベルリンに留学して社会主義者となったウイグル知識人ブルハンが連合政府主席として要請した人民解放軍の新疆進駐、毛沢東に招かれモスクワ経由で北京をめざしたイリ反乱指導者アフメトジャンらの謎の事故死、新疆のウイグル人民族主義者で国民党側に立つアルプテギンのインド経由トルコ亡命などが継起。イリ反乱における新疆カザフ人指導者オスマンは、やがて処刑される。新疆ウイグル自治区の成立（五五年）へと向かう過程は、国際場裡《り》、トルコ系ムスリムたちのこんな足並みの乱れの微妙な効果として、現実化したのだった。五〇年代の反右派闘争、六〇〜七〇年代の文化大革命、またこれらの期間の中ソ対立をつうじて、新疆や周辺地域の不穏な状況は、中国の民族問題および政治的・宗教的自由の問題一般を尖鋭に反映するものだった。当局が意図的に公表しただけでも、ソ連領に多数住民が越境したイリ事件（六二年）、天安門事件と連動するウルムチ事件（八九年）、東トルキスタン独立の「悪夢」というべきバレン郷事件（九一年）、などが注目される。［本稿を「未来」誌上に発表してから半年余をへた二〇〇九年七月、新疆争乱のニュースが世界をかけめぐった。胡錦濤国家主席はラクイラ（イタリア）での主要国首脳会議《サミット》（G8＋G5）出席をキャンセルして急遽帰国した。事のキッカケが、前月、広東省の香港系玩具工場で漢族労働者がウイグル人出稼ぎ労働者を襲撃した事件にあると伝えられたように、問題は新疆という地域に限られたものではない。この新疆争乱が残した深い傷は、今後ながく疼きつづけるだろう。］

だいたい、中国における反権力の民衆運動では、ムスリムたちのそれが特別の意味をもってきた。現在の中国に受け継がれる清朝の最大領域が完成する一八世紀後半の乾隆帝時代末ちかく、アラビア半島はイエメンとの繋がりをつよく意識して出発した新しいスーフィー運動ジャフリー派の反乱が、蘭州城頭ムルシド（導師）馬明心の処刑を機に、一挙に燃え上がる。それは、一八～一九世紀ひろく中国各地で漢族移住者らによる土地収奪や少数民族への過重な税糧負担の押付けに対して、燎原の火のごとく燃えひろがる抵抗運動（抗糧＝納税拒否）のはじまりだった。他方、イスラームに打撃目標をしぼりつつ「よいイスラーム」と「悪いイスラーム」とを政策的に弁別する権力の「反テロ戦争」的策略は、乾隆帝の嗅覚と知恵に発するものだった。しかし、民衆の抵抗組織は、イスラームだけでなく白蓮教や天地会や拝上帝会などをも基軸に加えダイナミックに展開する。こうして、一八世紀末の西北中国の動揺にはじまり一九世紀半ば清朝の土台骨を揺るがすにいたる「回民起義」、すなわち総統兵馬大元帥・スルターン＝スレイマーンこと杜文秀が率いた雲南の回族・イ族の大理政権（一八五六年～七二年）や西北ムスリム（回族およびトルコ系諸族）大反乱（一八六二年～七七年）は、華南華中に拡大した太平天国（一八五一年～六四年）やミャオ族の苗民起義（一八五五年～七二年）と連動したり相互浸透したりした。英・仏・露の干渉のもとで、それらはともに、ひろい国際的視野を獲得しつつ反乱を闘ったのである。

それなのに、左宗棠（鎮圧する者＝清朝政府や漢人の先頭に立ち「新疆省」設置でも大きな役割を演じた人物）に対して、太平天国平定については封建地主層の利害代弁者、西北ムスリム大反乱の平定については愛国者、という評価の使い分けが、いまも公式的にまかり通っているのは意味深長だ。ここでは、「中華民族」意識にまとわりつく「洗回」（反イスラームの民族浄化）的「漢族」意識の衝動を否定することができない。大幅なムスリム人口減少をもたらした凄惨な虐殺。対抗して絶望の自殺的反撃。百五十年ほど昔の「漢回対立」における暴力の応酬という「記憶」が、現在の「反テロ戦争」下で再生産されるのだ。これに対して、ムスリム民衆の抵抗を代表しつつ一身を犠牲にして殉教する指導者と虐殺される家族すなわち自由と自立のための闘いに斃《たお》れた殉教者《シャヒード》たちの墓（拱北《ゴンバイ》）、そして文革のさなか理不尽に破壊されたモスク（清真寺）は、過去の悲劇を記念する集合的記憶や追憶《アナムネーシス》の場ではなく、イスラーム運動をたえず「現在」化させてやまぬ潜在力をもつ場ともなり得る。

ただし、ここで注意をひくのは、中国におけるイスラーム運動やムスリム個々人の生き方が、歴史のなかで、また現実にも、一枚岩どころか、じつに多様だということだ。政治的・社会的にけっしてひとつにまとまることがない。それどころか、回民反乱を圧殺するがわに立つムスリムもいる。このような流れから民国期には、あまたの地方的回民軍閥が簇生した。それらのなかにはサウジアラビアと結んでワッハーブ派のイスラームの定着・拡大を進めるものも現われる。しかし、抗日戦争では日本軍の西北中国への進出を一致して阻んだ。青海の馬歩芳や寧夏の馬鴻賓は抗日の英雄となる。

中国共産党が一九三〇年代半ばに敢行した「長征」は、まさしくこうしたムスリム集住地域を通過しつつ、またそこへの定着を目指すものだった。延安に建設されたモスクの堂名は毛沢東が墨書し、八路軍では河北出身のムスリム馬本斎の率いる回民支隊が奮闘していた。中華人民共和国の編成原理として結実する民族理論は、延安での党指導部と専門家集団の少数民族問題研究から生み出された。その出発点は、一九四一年に延安で出版された『回回民族問題』だったと言われる。ムスリムのあいだでも諸説あった「回族」は、圧迫された一民族と認められた。国民党の言う「五族（漢・満・蒙・蔵・回）協和」の曖昧さを批判して、「抗日」という「民族」的課題状況を自覚しながら救国をめざす「民族統一戦線」の路線が設定され、それと並行して解放後の「民族自治」のシステム創出への見取り図がこうして「イスラーム問題」との取組みを手がかりに準備されたのだった。

かつて改革開放期に入ってまもない新疆ウイグル自治区を訪ねたときのこと。ウルムチの中国共産党党学校で哲学が専門のウイグル人副校長（校長は漢族、ウイグル人は副校長）に会った。もっとも尊敬する哲学者は誰か、と私は彼に訊《たず》ねた。マルクスかレーニンかといった私の予期は裏切られ、答えは「ファーラービー。そしてイブン・スィーナーも。」だった。

5　理論的見通しを立てる

中国のイスラームは、「回族」や「トルコ系ムスリム」等々のアイデンティティーの実態をかいま見るだけでも明らかなように、唐代末以来の歴史を背負って多様かつ多面的な性格をもつと同時に、地域性や伝統（法学派・信仰スタイル・習俗など）の特殊性を超えでる強烈な普遍主義的立場の一体性を発散させてもいる。それぱかりか、社会的・思想的にラディカルな体制批判の伝統を形づくってきた。かつてヨーロッパ東洋学がインドネシア社会をめぐって強調したようなイスラームの多様な地域特性に関する視点は、アーダ（慣習・慣行）そしてアダット（アラビア語のアーダからきたマレイ語で「土着・固有の慣習法」）をイスラームにとってあくまで「外的」なもの、つまり「非イスラーム的」要素と勝手に決めてかかるものだった。大文字・小文字のイスラーム、公式・非公式のイスラームなど、タテマエとホンネで割り切る二分法も横行してきた。そこで「中国イスラーム」についても、地球規模の視野で、またそれ自体の内的コンテクストにおいて、われわれは「多即一」のタウヒード（「あるがまま」の積極さを認める）の観点を確立しなければならないだろう。

すでに述べたように、ムスリムの社会的・政治的な姿勢や行動には縛りがなく、個人がさまざまに異なる立場に自由奔放に散開するのは、中国だけの特殊な状況ではない。むしろ、そのような特徴づけに「イスラーム世界」が浮かび上がるとさえ言えるのだ。「家族」（厳密を期せば、「〈族〉的結合」）のサイズを自在に組み替え変換するアイデンティティー選択の主体的実践によって、その最小値ポテンシャルとしての個人と最大値としての人類（アーダムの子孫＝アダム族）とが連結する。個人は人類として生きなければならない、というのがイスラームの教えであり、理想である。ここでは、正統性を樹立する宗教会議もなければ、国家やナショナリズムが「わが物顔」に鎮座する場もない。あらゆる個人および集団が中心性と辺境性とを同時にあわせもつ多元・多軸・多重のネットワーク（「ひとつにすること」を意味するタウヒードの社会的実現）を形成しようとすることが求められる。個人および集団相互間の直接的かつ連繋的な関係性が重視され、擬似的な虚構《フィクション》としての「法人」の独り歩きを認めない。

こうして、ムスリムは、「自由」（もちろん「責任」をともなうものとして）には絶大な価値を見いだすが、「民主主義《デモクラシー》」という制度に対しては、委託や授権に関して、双方向で相補的に主体的責任を保障しあううえでその有効性に疑念をいだいている者が多い、と言うべきである。この意味で、体制変革《レジームチェンジ》（革命の代行）による「民主化」の強行を標榜する「反テロ戦争」が、標的をムスリムの多い国家に絞っているというだけでなく、なによりも公正と安全そして自由までも踏みにじる現実に対して、ムスリムがつよく反撥する理由が理解されるだろう。ムスリムの関心事は、むしろイマーマ（リーダーシップ）であり、これに正当性を与えるのが「公正と安全」の取引としての社会契約なのだ。一見して民主主義とは相容れぬように見えるカリフ制の復活・復権を要求する現代のイスラーム運動も、そのライン上のひとつの現象である。ヨーロッパの地方的《パロキアル》な歴史的事情に裏づけられた「政教分離」のモノサシは、一律に世界標準として普遍化できる代物《しろもの》ではない。

すでに見たように、スーフィー教団のムルシド（導師）に従順にしたがい宗教生活の充実を願っていた信者たちが、あるいは、ダール・ル＝ハルブ（イスラーム法がおこなわれない国々）では現地の政治的権威に逆《さか》らわないというムスリムの伝統にもとづいて暮らしていた信者たちが、追い詰められたギリギリのところで自分たちの生き方の自由と人間としての尊厳とを求めて決起せざるを得ないとき、ナショナリズムにもデモクラシーにも距離をおく彼らのその決起行動が、結果として、ナショナリズムとデモクラシーの交差的合致（思想や制度としてでなく）を体現することになった、というように考えることができる。「回族」という民族枠組の設定は、そのような場面をつくりだしてきた歴史の達成であっただろう。

しかし、かねてから私が提起してきた「n地域」という作業仮説において、Ｐ・Ｒ対Ｑというかたちで「民族運動」Ｑ（差別の重層構造Ｐを乗り越える連帯）と「民族主義」Ｒとを対抗・対峙的関係で対置して考察してみるように、「回族」民族運動を骨抜きにし管理・統制するための楔《くさび》として「回族」民族主義が作用する局面を検討することが必要である。「民族」は運命的に固定したものでなく、状況のなかでダイナミックに（Ｑ的な組替えをつうじて）獲得されるものだからだ。

辛亥革命が生み出した民国は、すでに五族が融和してひとつの「中華民族」となる体制を目指した。これを突き破ろうとした中国共産党は、はじめ借物の「民族自決」の考え方に立ってモンゴル・チベット・回疆の「自治」を根底に据える連邦を夢見たが、やがて「抗日救国」の課題化を余儀なくされるなかで、むしろこの状況把握を積極化することにより諸民族の〈「自治」的な「連合」〉による高次の〈「中華民族」としての「団結」〉という統合を目指すことになる。この民族運動が中華人民共和国という現実を獲得したとき、なお台湾問題をかかえつつも「中華民族」は民族主義による石化《ペトリファクション》・硬直化と直面することになる。

こんにちの世界の実態は、もはや「国民国家」の集合ではない。そこには多様な変種ないし新種の国民国家があるからだ。米国、ソ連邦変じてロシア連邦、中国、インド、ＥＵ、等。新しい「帝国」

論などで辻褄あわせができないのは、これから世界の「中東」化、米国の「アメリカ」化、イスラエルの「パレスチナ」化、等々が急速に進行するだろうからだ。一国内部の問題として自由と平等のあいだの矛盾をいかに調整するかについて注目すべき仕事をしたジョン・ロールズが、湾岸戦争を見やりながら「万民の法」Law of Peoples（以下、中山竜一訳による）を考えるとき、「万国民衆の社会」（国際社会）を構成する五種類の国内社会、①道理をわきまえたリベラルな諸国民衆、②良識ある諸国民衆、③無法国家、④重荷に苦しむ社会、⑤仁愛的絶対主義のうち①と②を「秩序立った諸国民衆」とし、②で意図的にイスラーム臭をこめた「カザニスタン」の架空例を持ち出すなどして、「国民国家」論の馬脚を現わすことになった。「社会契約」論は、本来あるべき誠実な知的アプローチとしては、西暦七世紀の具体的内容をもった法的契約文書である（はるかのちのホッブズ的抽象論ではない）預言者ムハンマドの「マディーナ憲章」からはじめて、ハワーリジュ派、ファーラービー、マーワルディー、イブン・ジャマーア、イブン・ハルドゥーンらの一連のあまたの先行的仕事群の検討を必要とするのである。中国のムスリムたちも、こんにち、自分たちそれぞれの経験と課題意識とに立って、生活のなかから「国家」と「民族」とへの批判を建設的に突き出すことが求められているのだ。

二〇世紀に出現しはじめた多「民族」編成の国家群は、それぞれにナショナリズムを超えた「理念」的結合を模索している。それが、自由と衡平、公正と安全、という公共的価値の充実をどのように具体的に裏づけることができるのか。これが「反テロ戦争」時代という逆説的な状況のもとで問い直されている。中華人民共和国という現実が生み出された経緯（「抗日」）に対して責任ある日本社会は、いま、この状況認識からいちじるしく遠い「魔の海域」を漂流しているようだ。

私はかねて「中華文明」の発展に対するイスラームの歴史的かかわりに関する「理論」的見通しを唱えてきた。七世紀のイスラームのタウヒードと華厳思想とのシンクロニックな並列性、一一～一二世紀の性理学（宋学）成立にかかわるイスラームのネットワーキングの思想的インパクト、一六世紀の李卓吾の思想（何心隠のそれも）のイスラーム的読込み、などの検証的研究を、だれかが目覚ましい仕方で果たしてくれないものかと、期待している。これは、イスラームの中国的適応に着目する「回儒」といった「中華」的視角を大きく転換するものだ。中国自前《じまえ》の近代性を追究してきた溝口雄三の仕事や、多民族統一国家の「中華」性と取り組む王柯の仕事に、私はつよい関心をもっている。最近では、周敦頤と蒲宗孟の関係について考察を深めつつある松本光太郎の仕事の展開を、興味をもって見ている。二〇世紀初めの桑原隲蔵や世紀半ばの田坂興道の開拓的な仕事を受け継ぐ新しい成果が、世界の見方を大転換する思考のブレークスルーをもたらす日が待たれるのである。冒頭に述べた中国見学旅行の二カ月後、私はソウルの韓国学術院に招かれての講演でこの夢を語った（大韓民国学術院『文明의轉換과世界化』、二〇〇七年、所収の Civilizations to be Networked: Feasibility and Effects of Re-vitalizing *Tawhid*/Pluralistic Universalism)。

［参考文献］

板垣雄三「『反テロ戦争』論の現在」、木村朗編『９・１１事件の省察――偽りの反テロ戦争とつくられる戦争構造』凱風社、二〇〇七年。

板垣雄三「世界の未来を透視する」、「現代思想」Vol. 37-3（二〇〇九年三月号）、青土社。

張承志『回教から見た中国――民族・宗教・国家』中公新書、一九九三年。

張承志『殉教の中国イスラム――神秘主義教団ジャフリーヤの歴史』梅村坦編訳、亜紀書房、一九九三年。

毛里和子『周縁からの中国――民族問題と国家』東京大学出版会、一九九八年。

ジョン・ロールズ『万民の法』中山竜一訳、岩波書店、二〇〇六年。

イスラーム世界の眺望

小杉　泰

1　イスラーム政治の復活

現代政治において「イスラーム」の語を目にするようになったのは、わずかここ三〇年ほどの間である。特に、一九七九年にイラン・イスラーム革命が起きて以降、「イスラーム政治」「イスラーム国家」というような用語が使われるようになった。イランでの革命は、近代的な政治の了解に反する「宗教に立脚した革命」として、多くの人びとの困惑を呼んだ。その根底には、もはや現代では政治的な意義を失ったはずの宗教が、なぜ劇的な復活を遂げたのか、という疑問があった。その後、イスラーム復興、特に政治および政治思想におけるイスラームの再登場は、現代的な現象として既成事実となった。

イスラーム復興を指し示すために、欧米では、英語で言う「イスラミック・ファンダメンタリズム」の語が発明され、現在でも広く使われている。日本でも、この語は「イスラーム原理主義」として輸入されたが、イスラーム思想の研究者たちは、当初からこの語法に強く反対してきた。「ファンダメンタリズム」はもともと北米のプロテスタント思想の一つとして生まれたものであり、それをイスラームに「流用」することには無理がある。幸い日本では、現象としての「イスラーム復興」、政治・社会的な運動としての「イスラーム復興運動」、イスラーム復興を希求する思想としての「イスラーム主義」が使われるようになった。メディア状況を見ると、原理主義も広く使われているが、学術的にはイスラーム復興やイスラーム主義が定着している。

イスラーム世界におけるナショナリズムとデモクラシーの問題を考えるためには、イスラーム復興との関わりを念頭に考察する必要がある。あえて単純化するならば、これら三つの思潮が競合し、相克し、かつ相補的な関係を取り持っているところに、イスラーム世界の特徴を見ることができる。

2　伝統から近代へ

イスラーム思想史を専門としている筆者であるが、より厳密に言えば、研究対象はアラビア語で表現された思想であり、それを西暦七世紀から現代に至るまで扱っている。その内容は一八世紀を境として大きく変容する。いわば、それ以前はイスラーム思想の独壇場であり、それ以降はイスラームと近代思想との闘技場となる。

このような広範な時代にわたる史料・資料を扱うことができるのは、用語や表現において多少の変化はあるものの、アラビア語が一四世紀にわたって単一の言語として文法も語彙も一貫しているからにほかならない。イスラームの聖典とされるクルアーン（コーラン）は七世紀前半に成立し、その後のアラビア語はこれを規範的な典拠として文法学を発達させた。七世紀から一八世紀までは、アラビア語で表現された思想は、ほぼすべてイスラーム思想である。そのかわり、アラビア語はイスラーム世界の知的な共通語であったため、筆者がアラブ人とは限らない。ところが、一九世紀になると様相はがらりと変わる。

「西洋との邂逅」によって、多様な近代思想がイスラーム世界に流れ込んだ。ナショナリズム、デモクラシー、さらにリベラリズムなどが、さまざまな経路を通じて伝えられた。この時代に入ると、イスラーム思想だけをこれらの「外来の思想」と分けて論じることはできない。また、起源が外来でもイスラーム世界の思想となった以上、それらを含めたスペクトラムの全体を解析する必要が生じる。言語としても、アラビア語には大きな変化が生じた。ナショナリズムとともに、民族語としてのアラビア語が形成され始めたからである。一九世紀には「アラブ文芸復興」が、ベイルートやカイロを舞台に巻き起こった。

アラビア語が近代的な諸概念を表現するためには、多くの造語が必要であった。思想においては、デモクラシーにしても世俗主義にしても、新たな概念が新たな用語とともに吹き込まれた。とはいえ、外来の思想を受容することは、これが初めてではない。かつて八～一〇世紀には、ギリシアおよびへレニズムの思想が、成立してまもないイスラーム世界に滔々と流れ込んだ。一二世紀におよぶ翻訳時代に、諸科学や哲学などの分野におけるギリシア語文献はほぼすべてアラビア語に翻訳されたという。新進のイスラーム世界は先進文明の精華を吸収しようとしたのであった。この驚くべき旺盛な翻訳活動は、人類史的に見て、仏典の中国語訳と双璧をなす偉業と考えられる。アリストテレスの著作やそれらを吸収・発展させたイスラーム哲学などが、のちにアラビア語を経由して西欧に伝わり、大きな知的衝撃を与えたことは周知の通りである。

このとき、新奇な諸概念をアラビア語に移すにあたって、翻訳者たちが用いたのは、可能な限りアラビア語固有の語をもってそれらを表現するという手法であった。その手法とは、アラビア語の語彙がもっている意味の重層性を活用する方法、および外来語を固有の派生形に適合させる造語法であった。このようにして新しい概念を吸収する手法は、一九世紀から二〇世紀においても活用された。このことを日本の例と比較して言えば、明治期に西周らが漢字によって表現される伝統的な思想を活用して、「哲学」「科学」「主観」「概念」「演繹」などを造語したことに似ている。それに対して、外来語を音写する方法もあり、アラビア語でも近年はこれがはびこっている。そのあたりも、英語起源のカタカナ語が氾濫している昨今の日本語の事情と通じるものがある。

いずれにしても、一九世紀から二〇世紀前半における造語では、固有語の重層化または派生形の追加を用いて近代的な概念を導入したため、一般のアラブ人にとって馴染みやすい用語群が生まれた。しかし、それによって、表現されている概念の本来の意味と、移し替えられたアラビア語の語彙がもっている含意との間で、ときには微妙な、ときには大きな変成が起きる。このような問題は「思想の翻訳」（より広くは、文化の翻訳の全般）において避けて通ることができないが、端的な例として、ナショナリズムが一国主義と汎アラブ主義に分岐したことがあげられる。また、「ネイション」の訳語が複数あって、何をネイションとするかをめぐって競合するナショナリズムの対立が生じた。他方、音写に近い造語法で「ディームクラティーヤ」とされたデモクラシーは、その定着に時間がかかった。

3　揺籃期のナショナリズム

多くの近代概念をアラビア語に導入した人物として、エジプトのリファーア・タフターウィー（一八〇一～七三年）がいる。右に日本の例として西周の名をあげたが、時代的にはもう少し早い。日本にとっての黒船来航（一八五三年）に相当するのは、イスラーム世界では、一七九八年にナポレオンが率いるフランス軍がエジプトに遠征してきたこと（エジプト側から見れば侵略）であるから、もともと半世紀ほどの時差がある（付言すれば、この時差は、西欧との距離によるところが大きい。エジプトは日本に先立って近代化に乗り出したが、西洋列強と近すぎてまもなく介入を受け、自立を保つことができなかった）。

タフターウィーは、元来は伝統的なウラマー（イスラーム学者）の出自で、フランスにわたったのもエジプトからの留学生団のイマーム(導師)として派遣されたためであった。しかし、パリで近代文明に出会った彼は、自らも願い出て留学生として学んだ。この経歴と文化的な素養が、伝統的なアラビア語の語彙を活用しながら、当時のエジプト人が受け入れられるような形で近代的な概念を移植する、という貢献を生んだ。帰国後は、主として教育と出版の分野で活躍し、一八三六年には新設の外国語学校の校長および『官報』の編集人となった。また、外国語学校に付設された翻訳局では、自らモンテスキューの『ローマ人盛衰原因論』などを翻訳したほか、多くの作品のアラビア語訳を監修し、後進たちを指導した。フランス法典の翻訳は近代思想の導入という点からも大きな貢献であった。

タフターウィーはパリでヴォルテールを読み、ルソーの社会契約論、モンテスキューの主著から影響を受けた。彼は国民と国民国家の概念をエジプトに広めたが、国民国家としてのエジプトやエジプトに対する祖国愛を、イスラーム的な語彙によって説いた。また、イスラーム法と自然法が合致することなどを説いており、イスラームの価値を前提としながら、西洋文明の優れた点を移植しようとした。面白いのは、ウラマーの出身の彼が、古代エジプトを郷土愛の一環として称揚する立場の先駆となったことであろう(この立場は、一九二二年にツタンカーメン王の墓が発見されるに至って、大きな高揚を見せた。絢爛たる古代エジプト文明のイメージは、日本でもツタンカーメン展などを通じて定着している)。

思想的な区分から言えば、タフターウィーはイスラーム近代主義の先駆けであった。イスラーム近代主義は、西洋的な近代を導入することを主軸としながら、それがイスラーム世界の改革の一環として可能であり、またそれがイスラームにとっての時代の要請であると見る立場である。この潮流を代表するのちの人物として、ムハンマド・アブドゥフ（一八四九～一九〇五年）があげられる。彼は、啓示と理性の調和、宗教と科学の調和を唱えた。イスラームという宗教が近代文明を受容し、現代においても有効な教えたりうる、という主張である。

アブドゥフは、後半生においてエジプトのイスラーム法学界の頂点に登り詰め、イスラーム復興派からリベラリストまで幅広い弟子を育てた。若き日の彼は汎イスラーム主義の活動に邁進し、イギリスの支配をはねのけようとしたアラービー革命（一八八一～二年）にも参加した。この闘争は、結果としては、イギリス軍の単独占領を許し、エジプトの植民地化につながることになったが、「エジプト人のためのエジプト」を掲げ、エジプトのナショナリズム史の金字塔となり、その後の闘争に多くの示唆を与えた。タフターウィーやアブドゥフの唱えたナショナリズムは、「祖国（ワタン）」への愛と忠誠を基盤とする、いわゆる「ワタニーヤ」に属する。のちになると、汎アラブ的なナショナリズムが勃興するため、それとの差異を示すために「ワタニーヤ」を「一国ナショナリズム」と呼ぶこともある。これはナショナリズムとしては、フランス革命のモデルに近いであろう。

アブドゥフの弟子の一人、サアド・ザグルール（一八五七～一九二七年）は、第一次世界大戦末期から大衆的な独立闘争をおこなった。一九一〇～二〇年代は、エジプトでも街頭デモが大衆闘争の手段として前面に出てきた時代であった。もはや農民反乱や都市騒乱が主流の時代ではなかった。ザグルールはワフド党を設立したが、「ワフド」とは、「使節団」「派遣団」を意味する。リベラリズムを信奉したザグルールらは、大戦後の講和会議に使節団を送り、西洋列強が自ら信じ、主張している思想そのものに立脚して、エジプトにも独立を与えるよう要求をおこなおうとした。

ワフド党は、一九二三年以降の立憲君主期に何度も国会選挙で勝利し、五二年の共和革命まで重要な議会政党であり続けた。ワフド党において、ナショナリズムとデモクラシーは一体化したものであった。エジプトの主権を主張し、植民地宗主国であるイギリスに独立を要求することと、国民が主権を行使して代表を選ぶこと――そしてワフド党がその代表として活躍すること――は表裏一体のものとなっていた。

一九二〇年代から五〇年代初頭に至るエジプトは、議会政治の時代として非常に大きな意味をもっている。近年は、日本でも議会の資料などが蓄積され、この時代の研究が進んでいる。当時はまだ一九世紀初頭に樹立された王朝が続いており、一九二二年の名目上の独立以降もイギリスが支配していたから、議会政治としては完璧なものではない。しかし、イスラーム世界ないしはアラブ諸国におけるデモクラシーの質的な深化・発展という観点からは、大きな歴史的な意味をもつ時代であった。

近年、特に冷戦の終焉後の議論として、中東におけるデモクラシーの欠如、民主化の遅れを取り上げる議論があるが、そのなかに、中東があたかもデモクラシーの経験をいっさいもたないかのような誤認が散見される。実際には、二〇世紀前半のエジプトでも、一九五八年の共和革命までの王制下のイラクでも、議会政治がおこなわれていた。問題は、デモクラシーが存在しなかったことではなく、議会や政党政治によって植民地支配の終了と完全な独立という課題が達成されないために、急進的なナショナリズムが勃興し、議会政治を停止し、権威主義体制が敷かれるようになったことであった。

4 アラブ民族主義の勃興

これまで本稿では「イスラーム世界」を特に定義せずに用いてきたが、伝統的なイスラーム世界と、現在私たちが目にしている現代イスラーム世界との間には、大きな断絶が存在する。かつての伝統的なイスラーム世界は、イスラーム諸王朝のネットワークとして存在し、そこではイスラーム法が共通に機能していた。オスマン朝は、一七世紀末以降に西洋列強から次第に圧迫されるようになったものの、ながらく地中海地域の覇者であり、イスラーム王朝の筆頭として二〇世紀初頭まで君臨していた。しかし、アジア、アフリカに広がるイスラーム世界は列強の進出、植民地化によって分断・解体され、ついに第一次世界大戦後にオスマン朝が崩壊して、イスラーム世界を束ねる最後の象徴も消滅した。植民地化された諸国は二〇世紀中葉には次々と独立を遂げるが、闘争の原理はほとんどの場合にナショナリズムであり、独立後の諸国はアジア・アフリカ連帯や第三世界、非同盟などの旗を掲げた。

これが転じて、再びイスラームの旗が国際社会の表に現われるのは、一九六九年の第一回イスラーム首脳会議からであった。その後、イラン革命、アフガニスタンでのイスラーム闘争、イスラーム銀行の発展などによって、徐々に現代イスラーム世界が明確な像を結ぶようになってきた。

伝統的なイスラーム世界の崩壊には、原因としても、結果としても、ナショナリズムが強力に作用している。伝統的なイスラーム王朝はいずれも、ネイション・ステイトを形成した西欧諸国に伍することができなかったし、内部では分離・独立を主張するナショナリズムが成長した。そして、イスラーム的な体制が解体に向かうにしたがって、代替案としてナショナリズムが採用されるようになった。とはいえ、ナショナリズムの基盤をなすネイションを何とするかは、それまでイスラームによる宗教優先主義を取ってきた社会では大きな問題であった。

前節でエジプトのナショナリズムについて触れたが、エジプトはこの点では例外的であった。東西を砂漠に囲まれ、ナイル川流域だけに人が居住しているため、近代的な「祖国」を措定することが比較的容易におこないえた。一八〇五年にオスマン朝から事実上の独立を果たしたムハンマド・アリー朝は、いったんはエジプト外のシリアなどの領有をめざしたが、一八四〇年の列強の介入でエジプト一国に押し込められた。その後のエジプトでのナショナリズムの発展は、一国主義的なワタニーヤを中心とするものとなった。

ところが、オスマン朝の支配下にあった他のアラブ諸州では、競合するナショナリズムが生じた。今日の国家で言えば、シリア、イラク、レバノン、パレスチナなどは、いずれも植民地支配によって境界が定められた「人工性」を有している。これらの地域では、誰を「民族」と括るのかについて、いくつもの主張が生まれた。イスラーム帝国としてのオスマン朝では、臣民はまずイスラーム、キリスト教の正教会、カトリック教会、ユダヤ教といった範疇によって区分されていた。民法の多くの条項は宗教によって異なっていたため、それらは属人的に適用され、帝国の領土内で同一の民法が施行されたわけではない。そのような状態では、人びとのアイデンティティも、まず宗教があり、その後でトルコ語やアラビア語、クルド語といった言語による識別や出身地や血統（特に部族的な伝統のある地域では）などが重視された。

近代国家への脱皮をめざしたオスマン朝は、一九世紀後半に「宗教にかかわらない臣民の平等」というオスマン主義へと舵を切った。しかし、バルカン半島のギリシア人やセルビア人はそれを拒絶して独自のナショナリズム形成に進んだため、オスマン・ナショナリズムは不発に終わった。トルコ語話者たちはトルコ・ナショナリズムへと傾斜し、二〇世紀初頭には「トルコ人」の民族化が急速に進んだ。これに対して、アラブ人は出遅れていた。一九〇九年に結成された「カフターン協会」はアラブ・ナショナリズムの先駆であったが、その主張はアラブ人の自治を呼びかけるにとどまっていた。オスマン朝が崩壊する頃に、ようやくアラブ人の民族意識は発展し始めた。クルド人は、それよりもさらに取り残されていた。

5　複数のナショナリズムの競合

両大戦間期にアラブ地域でのナショナリズムは大きく進展したが、それはアラビア語を紐帯とする思想だけではなかった。シリア民族主義は、歴史的なシリア地方を核とする「シリア民族」が実在することを訴えた。その祖国として、今日のシリア、レバノン、パレスチナ、ヨルダンを包摂し、イラクの一部も含む地域が措定された。レバノンでは、レバノン山地を中心とする地域で、自らを古代フェニキア人の子孫とみなすレバノン・ナショナリズムが育った。その一方で、イスラーム復興思想による汎イスラーム主義もまだ強い力をもっていた。パレスチナ人の多くは、一九四八年にイスラエルが建国され、祖国を失う「ナクバ（大破局）」に出会うまで、汎イスラーム主義とアラブ・ナショナリズムに惹かれていた。四八年以降は、アラブ・ナショナリズムによって「統一アラブ国家」を樹立し祖国を解放するのか、パレスチナ・ナショナリズムによって自分たちだけで解放闘争を進めるのか、二つの潮流に分かれた（さらに、アラブ・ナショナリズムから左傾化する潮流も生まれた）。

このようなナショナリズムの繚乱と競合は、一九五〇～六〇年代に急進的なアラブ・ナショナリズムが席捲するようになると、次第に収束に向かった。「祖国」をもっとも広域的に取る汎アラブ的なナショナリズムが勝利を収めたのである。

勝利の理由は大きく分けて、二つある。第一の理由は、伝統的なイスラーム世界が解体し、宗教的な紐帯が意味を失ったとき、新しい統合原理として、言語こそがもっとも強力なオルタナティヴを提供しえたということであろう。アラビア語を基準とするナショナリズムは、アイデンティティ形成上の大きな利点を有していた。一九五〇年代には「アラビア語話者たちが住むところが、アラブ民族の祖国である」という定式が広く受け入れられるようになった。

第二の理由は、もともと「イスラーム世界」であった地域においては、イスラームこそが動員可能な最良の文化資産であり、それを有効に動員できたナショナリズムが民衆への訴求力をもったということであろう。アラブ・ナショナリズムの主要な潮流として、シリアやイラクで盛んとなったバアス主義があるが、バアス党の創設者ミシェル・アフラクも、本人はキリスト教出身の世俗主義者であるにもかかわらず、イスラームをアラブ人の文化遺産として強力に称揚していた。アラビア語を「聖なる言語」とするイスラームと、民族語としてアラビア語を称揚するナショナリズムは、通底性をもっている。

西洋思想を導入する際に、アラビア語固有の語彙を転用する方式が取られたことは前述した。この構造は、イスラーム思想をナショナリズムに転用する際にも有効性を発揮した。たとえば、イスラーム共同体は「ウンマ」と呼ばれるが、アラブ・ナショナリズムでも民族共同体を「ウンマ」と呼ぶ。一国的な祖国に対するワタニーヤは、「ワタン（郷土）を守る」というイスラーム的な愛郷心を領域主権国家の「祖国」に当てはめたものであるが、アラブ・ナショナリズムも「アラブ人の大きなワタン（大アラブ祖国）」を称揚して、この概念を用いる。

言いかえると、「ウンマ」や「ワタン」という概念をそれぞれが用いて、自分たちが措定する祖国、民族への忠誠を要求するナショナリズムの競合がおこなわれたのである。アラブ・ナショナリズムが他の地域的なナショナリズムよりも優勢となったのは、イスラームとの通底性をより強くもつことによって、より大きな動員力と訴求力を獲得できたからであった。

しかし、この構造は、いったんナショナリズムが勢いを失うと、イスラーム復興の側でナショナリズムが維持してきた文化資産を動員することを可能にした。エジプトを中心とするナセル主義は、一九六七年の第三次中東戦争でイスラエルに受けた屈辱的な敗北で凋落し、イスラーム復興が登場した。バアス党はシリアとイラクで長らく支配を続けたが（シリアでは一九六三年から現在まで、イラクでは六八年から二〇〇三年のイラク戦争まで）、思想的な力は次第に衰え、いずれでも一九八〇年代までにイスラーム復興が顕在化した。

6　民主化とイスラーム復興の相克

ナショナリズムが次第に衰えるなかで、イスラーム復興と並んで各地で大きな課題となったのは、民主化の問題であった。デモクラシーも、一九七〇年代以降、脱ナショナリズム時代の流れとして、大きく注目を集めるようになった。その理由の一つは、ナショナリズムの支配が、いずれの地域でも強権的な支配を生んだことであろう。エジプトのナセル政権やイラクのサッダーム・フセイン政権、シリアの親子二代にわたるアサド政権は、これを「独裁」と呼ぶにせよ「権威主義」とするにせよ、自由が制約された非民主的な体制であることは疑いをいれない。

一九七〇年代までは、これらの指導者は「民族的な英雄」でありえた。言いかえると、当時は、指導者に対して民族的な希求、希望を投影することが可能な、ある意味で幸福な時代であった。しかし、それが限界に達し、希望が深い失望に変わるとき、人びとは政治と意思決定からの疎外に憤るようになる。中東に限らず、イスラーム世界を見渡すと、ナショナリズムの時代は、王政期のイランやスハルト期のインドネシアのような開発独裁にしても、自由が抑圧され、イスラーム復興が抑制されていた国が目につく。

イスラーム世界の場合、人びとがデモクラシーを希求するのは、その思想が浸透しているからとは言えない。むしろ、自分たちが置かれている状況が不正や不義、不公平や抑圧に満ちていることを知ったとき、改革を要求するからである。改革のためには、自分たちの声を聞いてもらう必要がある。欧米や日本では、デモクラシーとイスラームは適合しうるのか、という疑問が存在するが、イスラーム世界の実態から言えば、ナショナリズムに立脚する体制が失敗したあと、人びとはデモクラシーとイスラーム復興の両者に代替案を求めた。少なくとも、一九八〇年代以降の政治的な状況を見るならば、民衆レベルにおいては、思想的なスペクトラムを横断してデモクラシーが求められていることは、各地で現地調査をするたびに感じられる。その一方で、脱ナショナリズムの流れのなかで、代替案としてイスラーム復興、あるいは思想としてのイスラーム主義が強まる傾向もはっきりしている。その結果、民主化するとイスラーム復興が顕在化するケースが相次いで起こってきた。

その最初の例は、一九九一年のアルジェリアでの総選挙であった。当時のイスラーム救済戦線が第一回投票で圧勝した。第二回投票を経て、国政を握ることがはっきりした時点で軍部が介入し、第二回投票をキャンセルし、軍政が敷かれた。その結果、急進的な武装イスラーム集団が登場し、九〇年代は内戦状態に陥った。このとき、欧米諸国は軍政を批判せず、暗黙の承認を与えた。イスラーム主義者の躍進に脅威を覚えたのも確かであろうし、彼らが政権を取れば、どのみちイスラーム国家が樹立され民主化は放棄されるとの観測もあった。いずれにしても、民主的な選挙結果を否定することは、生まれかけのデモクラシーの信認性を傷つけるものであった。

同様の例が二〇〇六年に起こったのは、パレスチナにおける総選挙（自治政府立法評議会の選挙）で、急進的なイスラーム復興派であるハマース（イスラーム抵抗運動）が躍進したときであった。欧米諸国は、民主的な選挙結果を承認せず、ハマース内閣に対して国際的な経済制裁を科した。ハマースがパレスチナ解放をめざす武装闘争の路線を取っていることが理由であった。パレスチナ人の多くの目には、イスラーム復興のみならず、自分たちのナショナリズムもデモクラシーも、合わせて欧米に否定された、と映った。経済制裁にもかかわらず、ハマースは反イスラエルの姿勢も崩さず、和平を推進するファタハ（パレスチナ・ナショナリズム）の陣営に加わることもしなかったため、二〇〇七年以降はハマースがガザ地区を実効支配し、ファタハが西岸地区を支配するパレスチナの分裂状態が生じた。

これに対して、トルコでは一九五〇年代以降に定着してきたデモクラシーと、七〇年代以降に登場したイスラーム政党の発展が緊張関係を作ってきた。イスラーム政党としては初めて、九六年に福祉党が連立政権を樹立した。しかし、一九二三年の共和国樹立以来ずっと世俗主義の擁護者であった軍部が翌年に介入し、福祉党政権は崩壊、同党は非合法化された。イスラーム政党の勢力は衰えず、二〇〇二年には後継政党である公正発展党が政権を握った。この政権に対しては、軍部は直接的な介入を控えてきた。アルジェリアの内戦状態の二の舞となることを恐れてのこととも、好景気に支えられた公正発展党に対する国民の支持のためとも考えられるが、イスラーム復興とデモクラシーが両立しているという点では、二一世紀に入ってからのトルコは好例であろう。

イスラームとデモクラシーが融和しうるかどうかは、イスラーム復興によって生まれる現代思想としてのイスラーム主義と近代思想としてのデモクラシーの受容が、どのような形で統合なり融合されうるのかという問いであり、その答えはこれからの思想と政治の動態のなかにある。あらかじめ両者の融和または対立を論じることはできないし、統合についてのこれまでの解答も決定的なものではない。

思想的な営為とともに、イスラーム世界の現実のなかでのデモクラシーの経験の広がりと深まりが、今後の議論と実践を左右するであろう。アルジェリアやパレスチナのような、イスラーム復興派が躍進するのであれば民主的な結果を否定してよいという態度を民主的な先進国が示すのであれば、イスラーム世界におけるデモクラシーの信認性は低下する。デモクラシーを通じてイスラーム政権が樹立され、なおその政権がデモクラシーを守るのであれば、イスラームとデモクラシーとの融和が進む。

イスラーム国家と言いながらも、イランで選挙による大統領の交代が何度もおこなわれていることは、イスラーム世界におけるデモクラシーの樹立を次第に促進する事例であろう。イランの場合、大統領選挙や国会選挙の際の候補者の資格審査で過剰な介入があり、制度的な問題がないわけではない。さらに、二〇〇九年にはアフマディネジャード大統領と改革派の候補が争い、大統領の再選に不満をもった改革派が大規模な反政府運動をおこなうにいたった。それまで、国民の政治参加によってその代表や政策が変更されうることが、経験値として蓄積されつつあったことを考えると、これはイランにとって大きな試練であった。

そもそもイランをめぐっては、革命当初から、憲法に明記されたイスラーム法の優位が国民主権に反するという批判が欧米には根強く存在する。しかし、これがイランにとっての問題なのか、非イスラーム世界がイスラーム文化の固有性を認めることができないという問題なのかは、検討の余地がある。憲法といえども、社会がもつ根幹的な価値を超越するものではない。その価値が文化によって異なる場合――特に、近代西洋的な価値と異なる場合――に、それをどこまで許容すべきかは、大きな論点となる。

デモクラシーの場合でも、デモクラシーを破壊することを許すデモクラシーはありえない。民主国家の憲法でも、憲法を超える自然法や人権を前提としていることは当然である。ある文化がもつ特定の観念（イスラーム世界の場合は神の超越性）を、法の基盤をなす規範として認めたり、憲法のなかに明記したりすることを、当該社会の自決権の範囲で考えるのか、普遍的なデモクラシーの原理として考えるのかは、大きな論点であろう。

デモクラシーとの関係については、イスラーム主義の内部にも、さまざまな思想的立場がある。最近は、憲法体制のなかでイスラームを位置づけていくべきという「イスラーム立憲主義」が根づいてきており、イスラーム・デモクラシーの思想も、そのような立憲主義とともに深化していくことを期待したい。

〔参考文献〕

小杉泰『現代中東とイスラーム政治』昭和堂、一九九四年。

小杉泰『現代イスラーム世界論』名古屋大学出版会、二〇〇六年。

小松久男・小杉泰編『現代イスラーム思想と政治運動』東京大学出版会、二〇〇三年。

松本弘編『中東・イスラーム諸国　民主化ハンドブック２００９』人間文化研究機構地域研究推進事業「イスラーム地域研究」東京大学拠点、二〇〇九年。

「共生」政治の時代へ——アフリカのサブナショナリズム

川端正久

1　ネーション、エスニシティおよびナショナリズム

アフリカにおける民族問題は、かつては民族・植民地問題における植民地独立との関連でネーション（nation）の事項として検討されたが、最近では国民国家建設における国内の民族紛争との関連でエスニシティ（ethnicity）の事項として検討されることが多くなっている。日本語では、ネーションもエスニシティも民族である。一九六〇年代、民族といえばネーションのことを指し、エスニシティという用語はまだ一般的には使用されていなかった。植民地において独立を求める人々の思想と運動は民族主義＝ナショナリズム（nationalism）であり、その主体は民族＝ネーション（nation）を形成しようとする民族体＝ナショナリティ（nationality）である。民族体とは具体的には部族＝トライブ（tribe）や氏族＝クラン（clan）である。

ここでは民族問題の概念と用語をめぐる難解な論争にはあまり立ち入らないが、民族についての考

え方として次のことに言及しておく。民族も部族も人間の共同体、アイデンティティ集団である。人間の共同体には家族、血族、氏族、部族、民族そして人民がある。血縁集団の氏族が集まって地縁集団の部族を構成し、部族が集まって民族を構成する。民族と部族の違いは、前者が自分たちの国家をもちたいという願望を共通意識としてもっているけれども、後者はその意識が薄弱である、という点にある。すなわち、民族が成立するためには、言語、地域、経済活動が共通しており、そこから文化と心理の強固な共感（われわれ意識）、そして自分たちの国家をもちたいという志向性が存在しなければならない。「われわれ意識」だけでは民族は成立しない。民族の思想と運動が民族主義である。

部族（tribe）と部族主義（tribalism）は、基本的には、植民地主義の産物である。これは一九八〇年代の多くのアフリカ歴史研究によって立証されている。その端緒の一つとして、ジョン・アイリフ『タンガニーカ現代史』（一九七九年）は部族が植民地主義によって作られたことに言及し、ヨーロッパ人はアフリカ人に、かれらが部族に所属することを信じさせ、それによりアフリカ人は所属すべき部族を建設した、と指摘した。リロイ・ヴェイル編『南部アフリカにおける部族主義の創造』（一九八九年）は、一九世紀以前の歴史記録において、部族はほとんどなかったこと、部族主義はまったくなかったことを解明した。「部族は植民地統治の有効な単位として創造されたので、部族と部族主義は植民地支配の安全弁とされた」のである（川端『アフリカ人の覚醒――タンガニーカ民族主義の形成』法律文化社、二〇〇二年）。ただし、首長制度が発達していた一部の地域では、前植民地時代に部族がすでに形成されていた。ウガンダのアチョリ人の場合、イギリス植民地主義が統治を開始したころ、かれらの人間共同体は部族の段階に到達していたことが解明されている。

一九六〇年代、アフリカは脱植民地（decolonization）によって独立（independence）を達成したので、これは「第一の解放」と呼ばれている。新興独立諸国は国民国家（nation state）の建設、すなわち国家建設（state building）と国民形成（nation formation）を主要課題とした。幸福感のなかで近代化と民族主義への関心が高まり、アフリカの将来は植民地時代よりもよくなると期待された。西側世界からの支援などのビッグ・プッシュが実現すれば経済は成長する、アフリカもヨーロッパに追いつくことができるという「キャッチ・アップ」論が吹聴された。一九五〇—六〇年代の社会科学理論を席捲したいわゆる近代化理論（theory of modernization）において、伝統的社会は衰退し、近代的社会が登場し、部族（主義）は後退し、民族（主義）が発展する、と説明された。つまり部族（主義）は伝統的過去の偏狭な残滓であり、近代化によって打倒され、民族（主義）に転化する、と考えられていた。拙論「ポルトガル領アフリカにおけるアフリカ人政治組織」（一九七二年）も、部族の解体と民族の形成、部族主義の後退と民族主義の発展という、近代化理論に完全に取り込まれた視座に依拠していた。

しかし部族は崩壊せず変容し、民族の形成は容易ではなく、部族主義は後退せず、民族主義は多様になった。国家は植民地国家を引き継いだにすぎず、自前の国家建設は旧宗主国や先進国による新植民地主義によって妨害された。民族も国民も形成されなかった。植民地国家における人々は臣民であったので、独立したからといって、臣民が急に国民になれるわけがなかった。

当時はアメリカとソ連が世界の覇権を争う冷戦時代のただなかであった。アメリカなど資本主義陣営とソ連など社会主義陣営が勢力圏の拡大を狙って、アフリカ諸国への援助をめぐり競争した。国家建設の課題が国民形成の課題よりも優先された。一九六三年に結成された地域機構すなわちアフリカ統一機構（OAU）は、国境線が植民地分割の線引きで問題があることを知りながら、境界線をめぐる紛争の勃発を恐れ、国境線を神聖不可侵で変更不可とする原則を一九六四年に確立した。雑多な部族や氏族が人工的な国境線によって分断されたまま、その枠内で民族（および国民）として上から強制的に統合された。

多様な部族や氏族の集団が存在し、集団間に心理的共通性がなかった。エスニック集団や地域組織の多様性を尊重しながら共通意識を下から醸成する混淆（hybridization）の作業がなされず、国民を上から統合（integration）することが強行された。大統領への権力の集中、多党制から一党制への移行などによって進行した権威主義政治のもとで、国家権力を掌握した支配的エスニック集団のエリートは他のエスニック集団を従属させ、上から国民を統合しようとした。中央政府に対抗するエスニック集団や地域組織の意見や行動は、国家を分裂させる違法な反政府活動だとして抑圧された。国際社会は多様な集団や結社の意見と行動を弾圧する一党制の権威主義政権を承認し、中央政府以外の多種多様な集団と組織の、各種のアイデンティティを求める見解や運動に眼を向けなかった。また関心を寄せたとしても、それは内政不干渉の原則を口実にする権威主義政権から退けられた。

アフリカのエスニシティ研究のはじまりは一九四〇—五〇年代、北ローデシア（現ザンビア）のローズ・リヴィングストン研究所における人類学研究である。当時、研究の対象とされたのは植民地の部族であった。部族こそがアフリカにおけるエスニック集団の典型的特徴であり、そして伝統的社会の部族はたえず近代的社会の民族と比較される――この思考様式は一九七〇年代末まで継続された。本格的なエスニシティ論はフレデリック・バース編『エスニック集団と境界』（一九六九年）を端緒とする。バースはエスニシティを「同じ秩序の他の範疇から区別される範疇を構成するものとして、自己を同定し、他者によって同定される帰属関係」と規定し、境界が集団内部から構成されることを強調した。一九七〇年代になって、エスニシティ論は人類学、社会学、政治学研究において展開された。歴史学研究は少し遅れて一九八〇年代に行われた。

一九八〇年代、アフリカは政治的閉塞と経済的社会的危機に見舞われた。国家の建設も国民の形成も進捗しないなかで、権威主義政治に抵抗する動きが出現し、紛争が発生した。国際社会においても、エスニシティをめぐる事項が大きな注目を浴びた。こうした状況において、アフリカにおけるエスニシティの概念が一般的に使用されるようになった。多様な人間集団の全体を示すために、また民族や部族などの用語を一括するために、さらには部族や民族が表現する差別的含意の問題を解消するために、エスニシティの用語が誕生した、と言われた。とりわけ多発する人間集団間の紛争を「エスニック紛争」として理解する考え方が登場した。ドナルド・ホロビッツの著書『紛争におけるエスニック集団』（一九八六年）はエスニック紛争に国家が統合という方法で対処することを分析した。ロバート・H・ジャクソンとカール・G・ロスバーグの論文「アフリカの多民族国家における人民正統性」（一九八四年）は多民族国家（multi-national state）をマルティ・エスニック国家（multi-ethnic state）と表現し、支配者は国家の正統性を確保するために人民に公平性を提示する必要があると主張した。一九八九年以降、エスニシティに関する論文と書物が数多く著わされた。

エスニック集団の思想と運動はエスニック・ナショナリズム（あるいはエスノ・ナショナリズム）と呼ばれるようになった。ネーションのナショナリズム、トライブのトライバリズムという、「人間共同体の単位」と「その思想と運動」の考え方で理解してきた筆者にとって、エスニック・ナショナリズムの用語法は奇異に感じられた。つまりエスニシティが人間共同体の単位であるとすれば、エスニシティの思想と運動を表わすエスニシズムという用語を使用すべきなのに、それは登場しなかった。ということは、エスニシティは人間共同体の単位すなわち民族や部族のような具体的概念ではなく、抽象的概念であったのである。主体がなんであれ、その思想と運動がナショナリズムであるという考え方である。

エスニシティの概念は民族問題をより複雑にしてしまった。ただでさえ難解な議論が展開されてきた民族問題に関する論争の舞台に、エスニシティ論が参入したのである。そもそもエスニシティの考え方は概念的にも現象的にも、流動的で複雑で議論の多い範疇である。アカデミックな概念として成立するかどうかが問題にされているといっても過言ではない。たとえばウォーカー・コナーはエスニック・ナショナリズムとナショナリズムは同一であると主張している。それではわざわざエスニック・ナショナリズムと表象する意図がわからない。ネーションという概念がすでに存在するなかで、それとは別のエスニシティという概念を導入したのであるから、エスニシティとネーションは同一ではない。

またエスニシティの概念を使用することで、部族や民族の用語が有する差別的含意が解消されたということにはならない。なぜなら、たとえばネーサン・グレーザーは、自己が所属する共同体はエスニック集団ではない、エスニック集団とは自分たちとは違う「異教徒」民族に対して使用する呼称である、と解説している。つまり自分たちはエスニック集団ではない、エスニック集団を卒業した「優秀な」国民であり、他者は「劣等な」エスニック集団だという見方である。エスニシティという用語そのものに差別性が含意されている。多くの論者は部族をエスニック集団と呼びかえているだけである。

いわゆるエスニシティ理論において、どのような定義がなされているのか。参考までに、ミルトン・J・エスマン『エスニック紛争入門』（二〇〇四年）の用語解説は次の通りである。ネーション＝「連邦制度や主権独立が確立した状況において、自治の形態をとり、自決を願望する政治的共同体あるいはそれに属する人々。共通の起源に基づくもの（エスノ・ネーション）あるいは国家の支配内への居住、制度への忠誠に基づくもの（シヴィック・ネーション）」。エスニシティ＝「共通する血統、想像上の血縁、歴史的経験、文化、とりわけ共通の言語に基づく自己意識の共同体あるいは集団的アイデンティティ」。ナショナリズム＝「ネーションを賛美し、その市民の忠誠を最高度に向上させるイデオロギー」。エスマンはエスニック・ナショナリズムをどのように定義するのかと思いきや、それはしていない。なぜなら、エスニシティとナショナリズムの定義をプラスしても、それはエスニック・ナショナリズムにはならないからである。

したがって、私はエスニック・ナショナリズムという用語を使用しない。紛争の主体となる場合の人間集団は民族、部族、氏族であり、その思想と運動は民族主義（ナショナリズム）、部族主義（トライバリズム）、氏族主義（クランニズム）である。ただし、そうはいってもナショナリティ問題を議論する場合、便宜的に、部族や民族をエスニック集団と呼ぶことはしている。

2 サブナショナリズムとデモクラシー

アフリカは一九九〇年代に政治的民主化（democratization）と経済的自由化の時期に入り、これは「第二の解放」と呼ばれている。同時に紛争化の時期に入った。アフリカの紛争で世界の耳目を集めたのは一九九四年のルワンダ大虐殺であった。冷戦時代に東西両陣営からの援助で維持されてきたアフリカは、冷戦の終焉によって世界から軽視され周縁化（marginalization）された。「法律国家」(juridical state）の「弱い国家」の内実が露呈し、冷戦時代に隠蔽されていた対立が噴出し、民族紛争が多発し、国家そのものが破綻し始めた。そこで、いわゆる「失敗国家」論が登場した。

一九九〇年代中頃、失敗国家のなかでも主権・制度・治安を著しく喪失した国家は「崩壊国家」と呼ばれた。ハーバード大学「失敗国家プロジェクト」論文集『国家が失敗するとき』（二〇〇四年）は失敗国家を四類型（弱い国家、失敗しつつある国家、失敗国家、崩壊国家）に分類した。いわゆる「崩壊国家」論はアメリカの世界戦略の必要性から誕生しているので、この議論に与する必要はないけれども、国家が崩壊する事象が進行していることは事実である。ただし、これはアフリカだけに限られた現象ではなく、世界中で進行している出来事である。

一九八〇年代のアフリカ国家は「弱い国家」であった。民主主義がない、国民的アイデンティティがない、制度的に能力がない、国際社会の行為者として弱体であるので「弱い国家」と言われた。一九九〇年代に「弱い国家」（weak state）は「失敗国家」（failed state）や「崩壊国家」（collapsed state）に転落した。無政府国家、無秩序国家、犯罪国家など極端なペシミズム国家論が出現した。国家の機能は衰退し、支配エリート集団によって私物化され、中央政府が統治する領域は限定された。中央政府の統治が及ばない地域では、当該地域を実効的に統治し、中央政府に対抗する地方勢力の政体が登場した。国民国家を建設しようとする中央政府の運動がナショナリズムだとすれば、中央政府に対抗する伝統的勢力（首長）や軍事的勢力（軍閥）の地方政体の運動はサブナショナリズムと呼ばれる。

国際社会では主権国家が単位として承認され、弱い国家も形式的には法律国家として承認されてきた。しかし、その実態は国家の体をなしていない見せかけの国家である。国内で統治能力と正統性を失った中央政府に対して、伝統的勢力や軍事的勢力が地域で反旗を翻したことは当たり前の出来事である。中央政府の主権が及ばない地域で、首長や軍閥の勢力が地方政体として実効的に統治をしている。サブナショナリズムとはこの地域アクターが国民国家のなかでより大きな自治を要求する運動である。このサブナショナルな共同体を権威（あるいは主権）のある単位として承認するかどうかが問われている。これがジョシュア・B・フォレスト『アフリカにおけるサブナショナリズム』（二〇〇三年）の主題である。

中央政府の統治能力と正統性が失われた国家において、エスニック集団や地域組織のアイデンティティによる政治的要求に対して、それを国民国家のなかでどのように位置づけ、対応するのかが問われている。とりわけエスニック紛争に発展している場合、紛争を解決するためにどうすればいいのか、議論が展開されており、サブナショナリズムとデモクラシーの両立という方策が検討されている。両者の関係についての多様な議論を整理すれば、一つは体制維持論であり、あくまでも現存する「国民国家」を維持しながら改善をしようとする方策の議論である。二つは体制変革論であり、分離と独立によって「新しい国家」を容認する方策の議論である。

体制維持論は、国際社会が主権国家によって構成されているので、いかに弱体で非民主的であろうとも、その主権国家を維持しながら、一定程度の改善の方策をしようと考える議論である。具体的には、次のモデルが考えられる。

①中立主義＝上からの国家建設と国民統合において、支配的エスニック集団が他のエスニック集団を従属させている事実を隠蔽する。「中立」とは名ばかりの権威主義、強権支配である。支配的エスニック集団が従属的エスニック集団を排他的に支配している（exclusive domination）構造を隠蔽しつづけることは不可能である。

②共和主義＝支配的エスニック集団が上からの国家建設と国民統合を強行する。支配的エスニック集団が従属的エスニック集団を同化（assimilation）によって包含的に支配している（inclusive domination）構造である。「共和」とは名ばかりで、同化に反発する弱小エスニック集団やマイノリティ集団から抵抗される。植民地主義の統治方式であった同化政策は時代錯誤である。自然な形の水平的な混淆が望ましい。

③市民主義＝市民社会を形成しながら国民国家を建設する。理想論であるが、エスニシティ問題が回避されたように見えても、エスニック集団間の支配と従属の問題は残りつづける。

④連邦主義＝権力共有の連邦制（federalism）によって、エスニック集団あるいはエスニック地域組織に自治を認め、多民族連邦国家を建設する。連邦の構成単位をエスニック集団にするのか、地域組織にするのか、単位の構成の仕方、権力の共有と分割の様態が重要である。エチオピアの連邦制では、民族体や民族に無条件の自決権が付与されているものの、連邦が成功するかどうかは予断を許さない。ナイジェリアの連邦制も問題が多い。

⑤コンソシエーション主義＝権力共有のコンソシエーショナリズム（consociationalism）によって、エスニック集団あるいはエスニック地域組織による多民族合同国家を建設する。コンソシエーションの様態、権力共有のあり方が難しい。コンソシエーション論は議論としては検討されているけれども、実際の政治制度に導入することは容易ではない。

体制変革論は、国家主権に代わる選択肢として、分離と独立に基づいて、地方政体に「新しい国家」を承認する方策の議論である。前述のように、中央政府の支配が及ばない地域において、伝統的勢力や軍事的勢力が実効的に統治能力を発揮し、地方政体が実質的に国家機能を展開している事例がある。その場合、中央政府と地方政体の関係が重要になる。前植民地時代には、地方政体を緩やかな連合（あるいは連邦）に束ねるシステムが存在していた。それを現代版として認めるかどうかである。あるいは地方政体が中央政府を承認する代わりに、中央政府は地方政体を「自治国」として承認する、という取引を認めることである。端的にいえば、サブナショナリズムの地方政体に「国家」を認めることである。

アフリカ社会は多様であり、したがってエスニック集団あるいは地域組織のサブナショナリズムと折り合いをつけるデモクラシーの政治形態も多様になる、と考えなければならない。国民国家を建設し、政治的民主化を推進するさい、政治的・文化的・社会的多元主義を創造しながら、エスニシティの多様性と相違性を調節するシステムを工夫することが求められている。エスニシティを尊重し、エスニック集団の共生関係をデモクラシーの政治形態において構築しながら、共通項として国民と市民を形成する必要性がある。共生を可能にする柔軟なシステム（自治、自決、連邦、連合、分離、コンソシエーション、マイノリティ保護、アファーマティブ・アクションなど）の形成が不可欠である。

3 アフリカのイニシアティブ

アフリカ問題はアフリカ自身がイニシアティブをもち、主体的に対応し解決する——それが二一世紀のアフリカ・ルネサンスのニュー・ヴィジョンである。そのためには新たなアフリカ国際関係を創出し、国家と民族の関係についての新しい思考と行動の様式を創造しなければならない。そのさい、最低限、次の三つの事項を理解する必要がある。一つは、国境線は変更できるという、アフリカ国際関係の原則の確立である。二つは、エスニシティをポジティブに考えるという、エスニシティ認識の形成である。三つは、エスニック紛争についての考え方の再考である。

最初に、国境線の原則についての考え方を柔軟にすることである。「新しい国家」が承認されるためには、国境線の変更が可能にならねばならない。一九八〇年代末までの長い間、アフリカの国境線は神聖不可侵で変更不可であった。しかし一九九〇年代になって、国境線についての原則が変更されつつある。一九九三年にエリトリアがエチオピアから分離独立したさい、多くの論者はこの事例は国境線不変原則の例外的事項であると指摘したが、これをOAU原則からの逸脱である（すなわち国境線は変更できる時代になる）と先見的に分析した論者も一部にいた。エリトリアの分離独立によって国境線の変更がアフリカでも可能な時代になると筆者は主張したが、当時はほとんど賛同を得ることができなかった。

国境線をめぐる状況は二〇〇五年に大きく動いた。スーダンの南北内戦を終結させる包括和平協定が同年一月に締結された。協定はスーダン南部の人々の自決権を承認し、協定成立の六年後の二〇一一年に実施する国民投票において、南部の人々は独立の権利をもつことを承認した。南部スーダンの人々はスーダンの一部として旧いスーダンに残るのか、新しいスーダンを目指すのか、スーダンから分離し独立国になるのか、国民投票で選択することができるのである。国際社会がこの協定を承認したことは、植民地支配に由来するアフリカの国境線はもはや神聖不可侵ではないこと、つまりアフリカでも国境線の変更が可能であることを意味した。「アフリカ諸国の国境線がわれわれの目の前で引き直されていることは明らかである」（リシャール・R・ラレモン『国境線、ナショナリズムおよびアフリカ諸国』二〇〇五年）。

ジェフリー・ハーブスト「アフリカにおける国家失敗に対応する」（一九九六年）は崩壊国家への対応について議論し、既存の国境線についての考え方を柔軟にし、現実の動向に合わせ、中央政府の統治が及ばない地域でのサブナショナルな地方政体の単位を認め、国家の分離と独立を承認することを主張し、それにより「国際社会は新しい主権国家の誕生を承認する可能性を考慮することになるだろう」と予測した。ハーブストの「小規模独立国家」論はまだ大方の賛同を得てはいないけれども、意義ある考え方であることは確かである。

この点で、ソマリランド問題を忘れてはならない。現在のソマリアの北部、かつてのイギリス領ソマリランドは一九九一年に独立を宣言したが、国際社会から承認されていない。しかしソマリランドは民主的国家として機能している。一九六〇年にイギリス領ソマリランドとイタリア領ソマリランドがそれぞれ独立し、二つの国家が連合し、ソマリア（連合）共和国を構成した。当初、対等な「連合」を構想したが、実際は南のソマリアが北のソマリランドを従属させたので、連合構想は崩壊し、北のソマリランドは南のソマリアに抵抗するようになった。したがって法律的に連合を解消すれば、ソマリランドとして独立することは当然である。国際社会は、内戦が続く崩壊国家ソマリアを承認しつづけ、民主的な統治をしているソマリランドを国家として承認していない。これは国際社会が認識を間違っているのである。ハーブストはソマリランド独立論を支持している。

次に、エスニシティについての認識をネガティブからポジティブへ転換することである。国民国家建設において、部族と部族主義の存在は国家統一と国民統合の障害である、紛争の主たる要因の一つである、と言われてきた。国家権力を掌握した支配的エスニック集団のエリートは「民族的」指導者であると自称し、野党や反政府勢力をしばしば「部族的」と攻撃したので、野党や反政府勢力は逆に指導者を「部族的」と非難した。与党であろうが野党であろうが、エスニック集団のエリートは部族（主義）という言葉を他者批判の常套句として使用してきた。若干の大統領は部族や氏族の呼称を禁止する命令を布告したが、その狙いは大統領が所属するエスニック集団の支配を正当化することであった。

このようにエスニシティの存在を否定的に捉える、ネガティブ・エスニシティ論が一般的であった。

しかし最近では、エスニック集団や部族（主義）を肯定的に考えようとする、新たな思考の傾向が生まれている。なぜなら、独立後の政治的経験が示したように、部族や民族のアイデンティティを抑圧することによっては、国民のアイデンティティを形成できないことが明白になってきたからである。伝統的勢力は維持され、緊張や対立が紛争に発展することを阻止するさいに、重要な役割を果たしてきたのである。伝統的勢力の役割を再評価し、エスニシティの積極的側面を評価する議論、これが積極的民族論、ポジティブ・エスニシティ論である。緊張や対立を緩和し、紛争を解決し、国民と市民を形成するために、部族や民族の積極的側面を活用することが重要である、という当たり前のことが再認識されつつある。エスニック集団や部族（主義）は悪であるという呪縛から解放されなければならない。エスニシティのネガティブな作用や弊害は存在しているので、これに対処することは重要であるけれども、エスニシティのポジティブな役割や側面を有効に利用すべきである、これがポジティブ・エスニシティ論である。

伝統的勢力は存続し変容し、威信と役割を維持している。首長位の復活や同郷協会の結成が起きている。アフリカにおける市民社会の形成に関する議論と運動のなかで、伝統的社会と首長勢力がアフリカ社会のなかでいかなる役割を果たすべきかについて検討されている。民主化における市民社会の形成に関しては、NGOなど新しい社会組織の結成が強調されてきたが、近年、自律的共同体など旧い社会組織の役割が再評価されている。

最後に、エスニック紛争についての考え方である。エスニシティ問題への関心が高まることは悪いことではない。ただし民族紛争ばかりが喧伝され、とりわけエスニック集団の存在が諸悪の根源であるという安易な俗論に流されてはならない。アフリカ民族問題研究の泰斗、テレンス・レインジャーは、エスニシティばかりに焦点をあてすぎ、他のすべての集団的アイデンティティを排除している議論の危険性に言及し、「エスニック紛争が支配的であると見られるときこそ、他のアイデンティティ（そのいくつかは歴史的根源をもっている）が出現しているかもしれない」と警告した（レインジャー「結論コメント」、パリス・イエロス編『アフリカにおけるエスニシティとナショナリズム』一九九九年、所収）。

　エスニック集団や部族（主義）が紛争を発生させるのではない。アフリカにおいて紛争を発生させる要因は、第一に政治権力闘争であり、第二に対立の政治化である。紛争の主体は国家、政治団体、民族、宗教、地域などである。エスニック集団そのものは紛争の原因ではない。多くのエスニック集団が混在する諸国でも、集団間の格差が小さければ、あるいは集団間の調整が機能していれば、紛争の発生は少ない。エスニック集団が支配エリートの政治権力闘争に利用された場合、また対立の政治化の舞台とされた場合、あるいは利権に近い集団と利権から排除された集団に分裂された場合、さらには中央政府や国際社会が特定の集団だけを優遇した場合、エスニック集団間の相違は対立に転化し、対立は暴力紛争や民族紛争に発展する。

　したがってエスニックな相違を対立に転化させない仕組み、あるいはエスニックな対立を政治権力闘争や対立の政治化に利用されないシステムを創出する必要がある。さまざまな集団や共同体からなるアフリカ社会において、多様な集団、結社、組織の存在を承認し、その主体性を尊重し、その相違を調和し協調を図りながら共存するという「共生」の政治の創造が求められている。二一世紀は、アフリカが共生政治のイニシアティブをとる時代となる。

［参考文献］

川端正久「アフリカ独立五〇年を考える」「地域研究」第九巻第一号、二〇〇九年三月、四八―六七頁。

川端正久・落合雄彦編『アフリカ国家を再考する』晃洋書房、二〇〇六年。

ジョシュア・B・フォレスト『アフリカにおけるサブナショナリズム』(Joshua B. Forrest, *Subnationalism in Africa: Ethnicity, Alliances, and Politics*, Lynne Rienner, 2004)。

ミルトン・J・エスマン『エスニック紛争入門』(Milton J. Esman, *An Introduction to Ethnic Conflict*, Polity, 2004)。

「ポスト・ナショナル」デモクラシー

坂本義和

1　ネーションの多元性と画一性

ナショナリズムは、デモクラシーおよび資本主義・社会主義とともに、近代の歴史的な変動と相克の原動力となってきた。

だがナショナリズムという言葉は、定義が著しく難しい。もとよりそれは、その基にある「ネーション」（以下しばしば便宜的に「民族」と訳す）という観念が一義的にとらえにくいことによる。ネーションは、それに先行するエスニックな集団や、そのアイデンティティの歴史的結晶を基礎とすることが多いが、これが一様ではない。したがって、ある客観的なメルクマール、例えば言語、人種、宗教、習俗などを用いて定義しようとすれば、必ず例外にぶつかる。そこで、結局、「民族とは自己を民族と意識する集団である」といった、同語反復的な――したがって定義の形をなさないが、しかし重要な――主観性を手がかりとする以外にないのが普通である。だとすれば、民族の定義を決めようとするよりも、なぜこのような困難を生じるのかを考えるべきだろう。

エスニックな集団は、古くから、集団内の政治・経済構造、社会・文化構造、集団間の諸関係、自然環境との相関、そしてそれらすべての歴史的な変動など、どの点をとってもきわめて多様であった。だが、ある時期から、それらが次第に、相互にインパクトを与えながら連結・伝播して、歴史的多様性・多元性を保持したままで「ネーション」という同一の象徴で自己規定することになった。多様な現実を同一ないし類似の象徴で表象するのであれば、「ネーション」の一義的な定義が不可能となるのは不可避であった。

それだけではない。ネーションの形成が、本来的に他のネーションとの関係における差異・差別・相互排除、換言すれば他者との差異化や他者への反作用という外発性をバネとしているということは、その半面で、内部における一体性や同質性が、神話にほかならないことを意味している。ルナンは「ネーションとは日々の人民投票である」という、人民の自発的意思に基づく選択を特色とする、いっけん合理的な定義の提示者としてよく引用されるが、それはドイツのアルザス・ロレーヌ占領に対する住民の抵抗の意思を正当化する言葉であり、人民の主観的意識を基準にする彼は、より一般的にはこうも述べている。ネーションの本質は、その歴史に残虐な内部抗争や分裂、苛烈な抑圧などが多々あったにもかかわらず、「人々があたかも多くのものを共有しているように思い、同時に、多くのことを忘れ去っている」ところにある。

こうした「民族」意識への転換の始点として、フランス革命をあげてよいだろうが、しかし、この革命は、民族ないしナショナリズムというパラダイムの形成として起こったのではない。言うまでもなく、それは一次的には近代デモクラシーの革命だった。一七八九年の「人と市民の権利宣言」は、ナショナリティ不定の「人と市民」による専制君主制への抵抗がその第一義的な趣意であり、またアメリカのヴァージニア権利章典に負うところが大であるという意味でも、フランス・ナショナリズムの宣明ではなかった。同年にシエイエスが「第三身分はすべてである。……貴族は異邦人である」と言った時にも、それは何よりも体制変革のレトリックであった。

このデモクラティックな革命が、一七九二年の対プロイセン・オーストリア戦争にいたる過程はきわめて複雑であり（T・C・W・ブランニング）、フランス内外の革命勢力と反革命勢力との対立とそれぞれの「急進化」に加えて、過去からの遺産である権力政治的抗争が重なり、その過程で、普遍的な「人と市民」が特殊的な「フランス国民」というナショナリズムの担い手として自己意識することになった。そして、のちにこのナショナリズムが革命的普遍性を帯びる強国、とくにナポレオン帝国の戦争として展開する過程で、ヨーロッパ各地に特殊性を核とする反フランス帝国のナショナルな意識を触発したことは、周知の通りである（フィヒテ『ドイツ国民に告ぐ』、スペインでの「ゲリリャ」など）。

つまり、普遍主義的な革命への反革命的抵抗が、革命を特殊的なナショナリズムに転化し、そのナショナリズムの「(革命)帝国的」普遍化が、各地に特殊性に根ざすネーションとしての意識――必ずしもまだ政治的運動にはならない場合を含めて――を喚起し、それが次第に普遍的に伝播していく過程で、多様に相異した社会や集団が、「民族」という共通の象徴で自己意識化することが始まった。普遍性の特殊化と、特殊性の普遍化である。そして、その後とくに十九世紀後半以降には、後者が国家形成をめざす政治的運動としても、いっそう広汎に伝播することになった。「民族」の実質の定義が一義的でありえないのは当然である。

フランス革命をめぐって起こったのは、すでにウエストファリア体制として十七世紀から存続していた王政主権国家から成る「ステイト・システム」が、「ネーション・ステイト・システム」への変化を開始したということである。そして、まさにそれが国際システムであるからこそ、多様な国家やエスニック集団が、そのシステムの正統かつ法的には平等な構成員となろうとする限り、「ネーション」という画一的な象徴でそのアイデンティティを公示して国際的な承認を要求することが、普遍的な傾向となった。だが、民族が一義的に定型化できないものである以上、ここに複雑な矛盾や逆説を生じることになる。それは、起点であるフランス革命に、すでに現われていた。

2　ナショナリズムの両義性

通常ナショナリズムは、その民族の特殊性を軸に、主張され表出されることが多い。しかし、ナショナリズムの先行モデルとされるフランス革命ナショナリズムの場合には、「自由・平等」といった普遍主義的な象徴を基軸としていた。ここには、その逆説性のゆえに、デモクラシーとナショナリズムという観点から見て、興味ある問題が鋭く現われている。

すなわち、普遍的な自由・平等を掲げるデモクラシーであっても、それが国家として他の国家や民族と対立・抗争する権力政治的ステイト・システムの下で行動するときには、特殊性に基づくナショナリズムに転化し、その上、デモクラシーの普遍性のゆえに、ナショナリズムは帝国システムとしての支配へと変質し、ネーション・ステイト・システムそのものの空洞化に転化する傾向に陥る。もちろん、その逆は成り立たないのであって、非デモクラシー、反デモクラシーの帝国も事例に欠かないが、それは、ここでの主題とは別である。むしろ、ここでは「世界をデモクラシーにとって安全な場にする」という特殊デモクラシー帝国の行動様式を、とくに第一次大戦、第二次大戦、冷戦、反テロ戦争という「世界戦争」の形で示してきたアメリカ合州国との類比を想起するのが自然であろう。（ただし合州国の場合、普遍主義的な自己意識のゆえに、「ナショナリズム」とは自称せず、「自由・平等の国」などと自己規定するのが普通であり、『アメリカン・ナショナリズム』を表題とした研究書は、アメリカを対象化する眼で書いた、ハンス・コーンによる一九五七年の著作が、最初ではなかろうか。）

右の二つの例は、ナショナリズムの両義性を示している。つまり、政治体制としてのデモクラシーの価値的優位性に対する確信が、そのナショナリズムの権力的優越性と他者支配を当然視するという行動様式である。（ナチのように、ゲルマン民族の「人種的優越性」の神話に基づいて他者支配を当然視するケースは、ここでの主題ではない。）

では、ナショナリズムとデモクラシーとの関係をどう考えることができるだろうか。ここでは、その相互関係について四つの類型を取り上げてみたい。

3 デモクラシーへのインパクト

第一は、ナショナリズムがデモクラシーを強化する機能を持つ場合である。つまり、デモクラシーが成立・安定するのに必要な共同空間を確立し、市民の「同胞」意識を可能にする機能である。例えばウィル・キムリッカは、デモクラシーが定着するには、一国内あるいは国際的にエリートだけに通用する言語ではなく、市民の土着的な日常語が政治的な討議や決定の媒体であることが不可欠であることを強調しているが、この非エリート公衆の日常語が政治言語として形成され、定着する過程は、ネーションの意識の形成・定着と不可分であり、その半面でデモクラシーが市民の生活世界という基盤に、より深く根ざすことを可能にする。また北欧、例えばフィンランドでは、慎重に抑制された対露（ソ）ナショナリズムが伝統的に根強く国民に共有されているとともに、教育、医療についてのアクセスの重視と平等が制度として確立されている。

しかし、ネーションは、その境界線が現実には曖昧あるいは複雑であり、主張の根拠が不確かであるがゆえに戦争の発火点となる例も歴史上少なくないのであるが、異なるネーションを他者として想定することを特質としている以上、意識の上では必然的に境界線を内包せざるをえない。どこが境界線かは不明であっても、境界線の存在自体は自明であるとされる。他面、デモクラシーは、理念上は普遍性を要請し、境界線を認めない面があるところから、ナショナリズムによって強化された特定のデモクラシーの国家が、逆にナショナリズムを越境させ、帝国に転化しうることは前述した。

だが、帝国に転化するということは、他者のナショナリズムを否定することであるから、それは、他者の自己決定権を否定することとの反射的効果として、普遍的であるはずの自己のデモクラシーをも変質・腐蝕させることになる。ここに、ナショナリズムがデモクラシーを弱体化するという、第二の類型が現われる。イラク戦争と対テロ戦争を強行したブッシュ政権が、グアンタナモ収容所での人権蹂躙をはじめ、電話の盗聴やムスリム系姓名のゆえの拘束など、自国内で市民的自由を侵す違憲行為を重ねたことは記憶に新しい。一九五〇年代のマッカーシズムも同工異曲である。またアルジェリア植民地戦争（一九五四―六二）が、フランス本国の第四共和制を崩壊させ、非常事態的状況の下で、ド・ゴール将軍に強大な権限を集中した第五共和制を生み出したのも、同様な例である。こうした、「民主主義国」におけるネーションや「ナショナル・セキュリティ」の名による自由・人権の侵害とデモクラシーの脱力化の例は、枚挙にいとまがない。

4　「ナショナル・デモクラシー」

だが他面で、第三の類型として、デモクラシーがナショナリズムを強化し、「平等な市民」の共同連帯意識を高揚させ、ナショナルな「市民的公共性」の象徴が支配的となる場合がある。逆説的ではあるが、「民族性でなく市民性」(ハーバーマス)がネーションのアイデンティティを強化する。これは国民のマジョリティの支持を基盤とする、下からの統合に成功した型である。オバマが大統領選挙戦で、自分の「人種」のハイブリッド性を市民性としてプラスに転じ、スラムでの扶助活動経験を有利な政治的資本と化し、多様な人種や中間層・貧困層を包摂する、下からの国民的支持を「チェンジ」という象徴に凝集して、ブッシュ路線との決別を公約し、勝利をおさめたのは、最近の一例である。彼の選出は、自省的にアメリカ社会の在り方を問うことによって市民的コンセンサスを拡大・創出しようとする、下からのデモクラシーの表われであったと言ってよいだろう。

このようにアメリカを再定義したナショナリズムが、反テロ戦争や一極支配ではなく、マルティラテラルな「国際協調」支持であったことは、この場合デモクラシーが、外敵指向ではないナショナリズムという枠組みを強める機能をもつ統合であったことを示している。ここには、第二次大戦でマジョリティが一様に耐乏生活に陥ったイギリス国民が、一致してチャーチルを頂点とする統合を持続した戦時デモクラシーとは、有意の違いがある。ただし、オバマが大統領選挙戦でイラク反戦の経歴を誇りながら、アフガン戦争の継続を主張したのは、弱腰でない「強いアメリカ」という呪縛から脱しえない、アメリカ・デモクラシーの在来型境界線の拘束力を示しており、ここに彼の陥穽があると言えるだろう。

以上は、ナショナリズムとデモクラシーが、境界線の内に留まるか、それを越えるかの違いはともかく、この二つが重なって政治的インパクトを生み出すという点では共通である場合を前提としている。

しかし、次にあげる第四の類型では、デモクラシーがナショナリズムと矛盾して、後者が弱体化する。すなわち、デモクラシーの根本前提である個人の自由や人権が、ナショナリズムに伴う「全体」の優位性と境界性を拒否し、そこに鋭い緊張関係を生み出す場合である。

ここで明らかになるのは、政治理論や政治思想で、長い歴史を通じて議論されてきたのは、実はデモクラシーそのものではなく、ナショナル・デモクラシーを当然の前提とする発想の枠内での問題提起だったということである。歴史的事実としては、確かに近代デモクラシーはネーション・ステイトの形成と結びついて形成された。しかし、デモクラシーは何故ネーションという境界線で区画されなければならないのか。デモクラシーという、個人の権利を根本とする原理や制度が、ネーションという境界線で区画される理論的根拠は全くないのではないか。もし現実にはそれがネーションと重なる場合が大多数であるという事実が理由だとしても、そのネーションでさえ、もしアーネスト・ゲルナーの言うように「産業化」を原動力だとするのであれば、産業化にはネーションの境界にしたがって線引きされる必然性はないはずである。ナショナリズムは国家を志向するのだから、国家の境界線に重なるのだというのでは、なぜデモクラシーが国家の境界線に拘束されなければならないのかという問いに対して、同語反復だと言うほかない。

デモクラシーは個人の自決権を、ナショナリズムはネーションの自決権を正統化の根拠にしているが、この二つには、基本的な断絶がある。ナショナリズムがデモクラシーを帝国の論理に変質させる例は前述した通りだが、デモクラシーがナショナリズムを、境界線を超えることで変質させる過程、それが、今日われわれが普遍的に目にしているグローバル化の核心的課題に他ならない。

5　グローバル化の境界線

ここに見られるのは、「デモクラシーのナショナリゼーション」を自明とした時代から、「ナショナリズムのトランスナショナル・デモクラタイゼーション」という、われわれがその渦中にあるために全体像がとらえにくいまま日々進行している、ポスト・ナショナルの世界への歴史的な転換である。

グローバル化は単線的には進まず、まさにグローバル化の進行の故に、その反動として、アイデンティティの支えとしてのナショナリズムへの回帰が起こっているという見解もあるが、それは、長い目で見れば、グローバル化という不可避の動きの中で、後ろ向きに前進するようなものであろう。好むと好まぬとにかかわらず、さまざまなグローバルな相互関連の影響が、国家間関係から、われわれの日常生活のレヴェルにいたるまで浸透していることは明らかである。

それは、多様性を特質とするナショナルな文化的アイデンティティを否定するものではないし、そうした文化的アイデンティティは、人間の条件として一層重要性を増していくであろう。しかし、後述するように、多様性は、その基礎に共通性、通話可能性がなければ、単なる差異どころか、無縁な断絶以外ではありえない。

現に、今日進行しているグローバル化では、国家の境界を超えて、経済と情報・通信とが通話可能性を成り立たせている。しかし言うまでもなく、このいずれも両義的である。経済・金融のグローバル化は、生産性を上げるとともに、深刻な格差のグローバル化をもたらしている。また、情報・通信のグローバル化は、時間と空間を急速に短縮・縮小して効率化を促進するとともに、人間が仮想現実の世界によって侵蝕され、アイデンティティの混迷や喪失を生じている。そして、これらに伴って、人間とくに労働力のグローバルな移動も大量に起こっているが、それは技術・教育を持った一部の移民にアメニティをもたらす半面、単純労働者や戦争地域からの難民は、貧困・差別・虐待の谷に突き落とされている。ここで明らかなように、グローバル化は、グローバルに世界を一括して包摂しているように見えて、現実には世界に亀裂を生じさせ、新たな境界線による分断を普遍化している。ここに決定的に欠けているのは、ナショナル・デモクラシーを超えた、グローバルな正統性と有効性を持ちうるデモクラシーではないか。

6　「ポスト・ナショナル」の主体とエトノス

第一に、デモクラシーは、基本的に個人を原点とする関係性であり、本来的に、国家その他の集団の境界線を超える関心と権利を持っている。とくに今日のグローバル化した社会では、個人の自発的意思に基づく超国境的市民組織としてのＮＧＯは、「国際団体情報センター（Union of International Associations）」の年鑑（二〇〇五／六年）に記載のものでも、約一万五千と推定されているが、これに無記載のものを含めれば、はるかにそれを超えているだろう。「国境なき医師団」、「国境なき記者団」など、名称からして国境を否認しているものではなくても、オックスファム、アムネスティ・インターナショナル、グリーンピースなど周知であり、財界・政界中心の「世界経済フォーラム（ダボス会議）」に対抗する「世界社会フォーラム」のようなＮＧＯの世界的ネットワークも活発である。メキシコの最貧県チアパスの先住民サパティスタ運動でさえ「グローバル化にはグローバル化で対抗しよう」をモットーにした。

このように国境を超えた市民社会が活動しているということは、実は、社会の諸問題との取組みが国家の統合能力を超える場面が増えているということに他ならず、国連およびその専門機関をはじめ、

G4、G7（8）、G20など、Gがつく複数の国々の組織が増していることは、国家が主な主体であることを示しながらも、国家そのもののレヴェルで、境界線が次第に薄れていることを示している。

そして、このように、下からの越境と、上での境界の希薄化とが連結して、対人地雷禁止条約が締結され、またクラスター爆弾禁止批准国が増えているといった事例が描く軌跡は、ナショナル・デモクラシーを超えた、ポスト・ナショナルなデモクラシーの制度化という、先の長い道のりの前兆と言ってもよいだろう。

第二に、こうした変動は、それ自体の力学で推進されるだけでなく、それに対抗する要因の非整合性によるところが少なくない。例えば、ネーションの基礎として多くの社会でエトノスの中核をなしてきた宗教についても、イギリスにおける国教徒による、カトリック、さまざまな非国教宗派のプロテスタント、ユニテリアンなどに対する根深い排斥と差別の歴史を見れば、ネーションが「創られたもの」という主張が説得力を持つ。それを他面から言えば、イングリッシュ、スコッティッシュ、ウエルシュ、アイリッシュなど言語の差異を含んだ社会で、神に対して「私が、あなたにお祈りを致しますとき、何語を使って、あなたにお話ししたらいいか存じません」（モンテスキュー）というような戯画的な事態にもなりうる。日本でも、神棚を祀る家、仏壇に毎朝供え物をする家、神棚と仏壇を共に拝む家などにとって、何が「伝統」なのか。共通のエトノスは、明治国家によって「創られたもの」なしには成り立たなかったであろうし、また「創られたもの」は（敗戦の時のように）「創りかえられる」。エトノスもネーションも、「教育」という人為的創作なしには、純粋な一体性の神話の母体とは必ずしもなりえない。

その裏として、近年、ヨーロッパだけでなく多くの国で、子どもの時から複数の国に移住して育てられた人間が、学者や学生から歌手、俳優などにいたるまで、「バイリンガル（まれにマルティリンガル）」な人間となって増加しており、「言語」というエトノスに不可欠な共有媒体に変化が起こっている。グローバル化に伴う人の移動が増すにつれ、この傾向はさらに強まっていくだろうが、こうした身に沁み込んだ複数母語というのは、もちろん「母語」で考えて「外国語」に翻訳するのではなく、「シニフィアン」に伴う直感的印象なり情緒なりを、それぞれの言語で別々に表現するのである。ここでは「母語はひとつ」という命題は成り立たなくなる。逆に言えば、複数の言語で感受し、思考し、表現する「ハイブリッド」が、正統な母語主体になりうるのだ。こうしてポスト・ナショナルな人間によって崩されていくことを通じて、本来エトノスに内在していた歴史的な可変性が、さらに新たな位相で表面化していくだろう。

7 「コミュニティ」と「ホスピタリティ」

第三に、このことは、人間のアイデンティティ形成にとって、何が基本条件になるのかという、聞きなれた論争に関係する。つまり、アリストテレスのポリス観に通じる、人間が生まれおち、生活し、人格形成の場とする社会の共同性を重視するコミュニタリアニズムがあるが、これは特に米国で主張されていることが示すように、アメリカ的な強固なリベラル個人主義の裏返しであり、アメリカ英語でいう「コミュニティ」を前提にしている場合が多い。私は戦後間もなく、アメリカ英語でのこの言葉をどう邦訳したらいいのか、苦吟したことがあったが、この「コミュニティ」とは何か。最近では、日本でも「地域」「地域社会」という言葉が多用されるようになったが、それは「隣り近所（戦時中は隣組、もっと以前はムラ）」が崩れた結果の人為的代替語であろう。テンニエス的な古典的用例から、冷戦後の国際関係での、便宜的な外交的含意をもたせた「インターナショナル・コミュニティ」という未定義の言葉の頻用まで、この語の意味は曖昧である。

仮にアメリカ的「コミュニティ」の意味が明確だとしても、「コミュニタリアニズム」の論理からすれば、なぜ「国家」も「コミュニティ」と呼ばないのか。（アメリカでは「アメリカン・ソサイエティ」はよく聞く言葉だが「アメリカン・コミュニティ」は聞きなれないのはなぜか。）さらに、現代の人間の形成に、世界社会の影響が大きくなりつつあるとすれば、なぜ、世界を「コミュニティ」と感受しないのか。「国家内以外に居場所がないのでなく、世界の中で国家が居場所を与えられている」（ウルリッヒ・ベック）現実を反映してか、国連などで「インターナショナル・コミュニティ」という言葉が連発されるようになったが、外交的なレトリック以上に、この言葉に積極的な意味を与える作業は「コミュニタリアニズム」の中心的な関心の外にあるように思われる。

過去二〇〇年、われわれの多くはナショナリズムの下で、ネーションを第一次的な「コミュニティ」「(運命)共同体」だと刷り込まれ、そのために命を捨てるのを当然の義務あるいは美徳と信じてきた。だが現代では、グローバル化のインパクトの下で、この「共同体」は相対化され、ポスト・ナショナルな世界を「コミュニティ」と見なし始める傾向が強まっている。とくに、抽象的な観念としてではなく、可視的な形で「地球はひとつ」であることが常識化している時代の「コミュニティ」の再定義は、理論的、哲学的な課題として迫っており、それが「コスモポリタニズム」という、古代ギリシア・ローマ以来の世界観の再構成として、さまざまに議論されているのは当然であろう(デイヴィド・ヘルド、セイラ・ベンハビブ、メアリ・カルドアその他)。

第四に、しかし「コスモポリタニズム」の議論の多くは、規範、法、倫理、民主主義的制度の原理などのタームで語られている。それが理念である以上、当然と言うべきかもしれない。

例えばカントは、「永遠平和のための第三確定条項」において、「コスモポリタニズム」の論者がよく引用する「ホスピタリティ(Hospitarität)」の観念をあげているが、それによって外国人を厚遇するのは、普遍的な「世界市民法」の下での「人間愛のではなく権利の問題」(強調原著者)であり、つまり「外国人が他国の地に足を踏み入れても、その国の人間から敵意をもって扱われない権利」だとしている。(その延長上にある「権利」の一例として、現在EU内では「外国籍」であっても、居住国の地方参政権が多くの国で認められていることをあげてもよいだろう。)しかし、この「コスモポリタン的」な「権利」の観念は、いかにして構成されるのだろうか。

ここで、カントの「権利」や「法」といった、先験的と言うべき規範概念構成に影響を与えたルソーを見る必要がある。ルソーは『社会契約論』で、こう述べている。「あらゆる立法の体系の究極目的」は、「二つの主要な目的、すなわち自由と平等とに帰する。」（強調原著者）「自由」と「平等」とは、われわれには余りに耳慣れた言葉であり、ルソーも一応二つを並列しているが、実は重要な差異があると言うべきであろう。すなわち「自由」は明らかに「権利」であるが、「平等」は異なる。「自由」は、「自由権」という言葉が表わすように、ある人間を主体として構成される。他方、「平等」は、その人間を見る人間による、関係性の意味づけである。「すべての人間は自由である」と言うかどうかは、各人の自由な自己意識で規定される。他方、「すべての人間は平等である」と言うかどうかは、当人以外の人間（他者）が、その人間を「平等」な存在というまなざしで見るかどうかにかかっている。

8　普遍的感性と多文化世界

換言すれば、「コスモポリタニズム」という人間観は、法、規範、倫理、原理などである前に、あるいは、それらの基礎として、人間を平等な尊厳の主体として認め、また相互に認め合うという感性、平たく言えば「同じ人間だ」と感じる相互関係であり、これは法、権利といった理性的概念に先行し、その基礎をなす感性（sensibility）である。あえてカント流の表現になぞらえて言えば、「概念のない感性は盲目」かもしれないが、「感性のない概念は空虚」である。

ガザやダルフールでの集団殺戮、コンゴでの無数のレイプ、チベット族やウイグル族の自治権の剝奪、あるいはスマトラやハイチなどでの自然の大災害などに対するわれわれの反応では、先ず感性が先行し、理性は、それに続いて喚起される。逆に言えば、感性が反応しない限り、理性は起動せず、「無関心」で終わる。私は、このように先ず感性によって、自国や自社会の境界線を超えて普遍性を経験する基盤を「ヒューマニティ」と呼び、「コスモポリタニズム」とは区別するが、それは後者が、先ず理性に基づいて普遍性を保証しようとするからである。これは重要な差異である。

というのは、「普遍性」という価値基準は、文化的多様性と、どのように関わるかという問題を避けられないからである。もし理性を普遍性の保証基準とするならば、「その理性とは西洋近代の……」という反発が生まれるだろうし、事実、「理性」によるならば、理解や承認が不可能ないし困難な慣習や文化があるだろう。しかし、それに対して先ず感性で応えるまなざしで見るのであれば、そこに「人間の営み」としての普遍性を感受する——肯定とは限らない——ことが可能となるだろう。ここで言う感性は、社会的・文化的相異と同様に、微妙な歴史的変化をも、敏感に看取する。

文化相対主義や多文化主義は、価値観の多様性や、しばしば「見えざる境界線」で差別される少数派の権利について重要な問題を提起するが、それ自体だけでは、通話不能な社会関係や抗争を生み出すことで終わるおそれがある。他方、感性による普遍主義は、まさに人間を平等な尊厳の主体として感受し合うことによって、文化的多様性の正統化の基盤を提示する。それは、ネーションの差異や文化の多様性を超えるのではなく、差異や多様性が意味をもつことを可能にする基礎をなすのである。その点で、デモクラシーの普遍性は、例えば「世界政府」といった論理的構成概念のように、国家を理性によって上（だけ）に超えるのではなく、国家の基礎において、感性によって境界性を下から切り崩すことによって再構成する、という経路に通じると言ってよい。

9　未了の相克

だが終わりに付言しなければならない点は、こうしたポスト・ナショナルなデモクラシーの世界的・普遍的な構築は、容易な作業ではないということである。それを端的に表わす一例は、とくに武力行使を伴う「人道的介入」が直面する問題である。

周知のように、「人道的介入」は、政府が市民を保護する義務を果たさず、多数の市民の生命や人権が危険にさらされている場合、他の国が、国連などによる正当化を根拠として武力介入をも認めることを指す。これは、換言すれば、どの国に居住しているかにかかわらず、市民は人権を認められ、人権を行使できるという原理、つまり「人と市民の権利」の普遍性、すなわち国家の境界線を超えたデモクラシーの普遍性という原理に立脚している。

しかし現実には、個別国家ではなく国連やＮＡＴＯなどの国際組織による介入の場合にも、ソマリア（一九九二）やコソヴォ（一九九九）の例のように、保護の対象が現地住民の多数民族か少数民族かとは別に、そのネーションの自己決定権を無視して武力介入をするか、あるいは、チェチェン（一九九四―）のように、大国ロシアの利害を考慮して、当該ネーションの自己決定権を無視して介入しないか、ルワンダ（一九九四）の場合のように、諸大国のナショナルな利害関心が薄いために、現地住民の生命と人権を軽視して武力介入をしないか、作為か不作為か形は違うにせよ、ここにデモクラシーとナショナリズムの悲劇的な相克が鋭く露呈されてきたのである。国連が関与したソマリア（一九九二）、東ティモール（一九九九）、シエラレオネ（一九九一―二〇〇二）などは、ネーションというより「部族」の紛争と呼ばれることもある。しかし、ソマリア紛争のおり、「われわれを欧米などの『民族』より劣る『部族』だとする議論があるが、『先進国』の『民族』自身が、世界中に境界線を引きまくってきた『部族国家（tribal state）』ではないのか」という抗議の声がアフリカの側からあげられたが、全くの的外れとは言い切れないだろう。

いずれにせよ、結果として紛争を収拾し「平和」をもたらした場合であっても、そこにいたるまでに残虐な相互殺戮の犠牲となった市民や少年・少女は、おびただしい数にのぼったのである。

デモクラシーとナショナリズムとは、意識と行動における、さまざまな境界線をめぐって、今も未了の相克を続けている。

〔参考文献〕

『坂本義和集』全六巻、岩波書店、二〇〇四―二〇〇五年。

カント『永遠平和のために』宇都宮芳明訳、岩波文庫、一九八五年。

セイラ・ベンハビブ『他者の権利――外国人・居留民・市民』向山恭一訳、法政大学出版局、二〇〇六年。

杉田敦『境界線の政治学』岩波書店、二〇〇六年。

塩川伸明『民族とネイション――ナショナリズムという難問』岩波新書、二〇〇八年。

野村浩一（のむら・こういち）
1930年京都府生まれ。東京大学法学部卒。立教大学名誉教授。中国近現代思想史。著書に『中国革命の思想』（岩波書店、1974年）『蔣介石と毛沢東——世界戦争のなかの革命』（岩波書店、1997年）『近代中国の政治文化』（岩波書店、2007年）ほか。

林 忠行（はやし・ただゆき）
1950年北海道生まれ。一橋大学大学院法学研究科博士課程単位取得。現在、北海道大学副学長、同大スラブ研究センター教授。東欧国際関係史専攻。著書に『粛清の嵐と「プラハの春」——チェコとスロヴァキアの40年』（岩波書店、1991年）『中欧の分裂と統合——マサリクとチェコスロヴァキア建国』（中公新書、1993年）ほか。

板垣雄三（いたがき・ゆうぞう）
1931年東京生まれ。東京大学文学部西洋史学科卒。東京大学名誉教授、東京経済大学名誉教授。歴史学、イスラーム学専攻。著書に『歴史の現在と地域学』（岩波書店、1992年）『イスラーム誤認——衝突から対話へ』（岩波書店、2003年）ほか。編著に『「対テロ戦争」とイスラム世界』（岩波新書、2002年）ほか。

小杉 泰（こすぎ・やすし）
1953年北海道生まれ。エジプト・アズハル大学卒業、法学博士（京都大学）。現在、京都大学大学院アジア・アフリカ地域研究研究科教授、同附属イスラーム地域研究センター長。イスラーム学、比較政治学、国際政治学専攻。著書に『現代イスラーム世界論』（名古屋大学出版会、2006年）『「クルアーン」——語りかけるイスラーム』（岩波書店、2009年）ほか。

川端正久（かわばた・まさひさ）
1944年大阪府生まれ。京都大学大学院法学研究科博士課程単位取得。現在、龍谷大学法学部政治学科教授。国際政治学、アフリカ政治論。著書に『アフリカ人の覚醒——タンガニーカ民族主義の形成』（法律文化社、2002年）『アフリカ・ルネサンス——21世紀の針路』（法律文化社、2003年）ほか。

坂本義和（さかもと・よしかず）
1927年米国・ロサンゼルス生まれ。東京大学法学部卒。東京大学名誉教授。国際政治専攻。著書に『〔新版〕核時代の国際政治』（岩波書店、1982年）『相対化の時代』（岩波新書、1997年）ほか。著作集に『坂本義和集』（全六巻、岩波書店、2004-2005年）。

執筆者略歴

田中 浩（たなか・ひろし）
1926年佐賀県生まれ。東京文理科大学哲学科卒。現在、聖学院大学大学院教授、一橋大学名誉教授。政治思想史専攻。著書に『カール・シュミット――魔性の政治学』（未來社、1992年）『近代日本と自由主義』（岩波書店、1993年）『〔改訂増補版〕ホッブズ研究序説――近代国家論の生誕』（御茶の水書房、1994年）『戦後世界政治史』（講談社学術文庫、1999年）『20世紀という時代――平和と協調への道』（NHKライブラリー、2000年）ほか。訳書にウィリアムズ『帝国主義と知識人――イギリスの歴史家たちと西インド諸島』（岩波書店、1999年）ほか。

樋口陽一（ひぐち・よういち）
1934年宮城県生まれ。東北大学大学院法学研究科博士課程修了。東北大学名誉教授、東京大学名誉教授。憲法学専攻。著書に『近代立憲主義と現代国家』（勁草書房、1973年）『近代国民国家の憲法構造』（東京大学出版会、1994年）『憲法　近代知の復権へ』（東京大学出版会、2009年）ほか。

山室信一（やまむろ・しんいち）
1951年熊本県生まれ。東京大学法学部卒業。現在、京都大学人文科学研究所教授。法政思想史専攻。著書に『思想課題としてのアジア――基軸・連鎖・投企』（岩波書店、2001年）『日露戦争の世紀――連鎖視点から見る日本と世界』（岩波新書、2005年）『憲法9条の思想水脈』（朝日新聞出版、2007年）ほか。

村松惠二（むらまつ・けいじ）
1948年山梨県生まれ。東北大学大学院法学研究科博士課程単位取得。現在、弘前大学人文学部教授。政治学、政治思想専攻。著書に『ヨーロッパ新右翼』（共著、朝日新聞社、1998年）『カトリック政治思想とファシズム』（創文社、2006年）ほか。訳書にタロシュ編『オーストリア・ファシズム――1934年から1938年までの支配体制』（共訳、未來社、1996年）ほか。

加藤普章（かとう・ひろあき）
1955年岐阜県生まれ。カナダ・カールトン大学大学院Ph. D.取得。現在、大東文化大学法学部教授。比較政治学、カナダ・アメリカ政治専攻。著書に『多元国家カナダの実験――連邦主義・先住民・憲法改正』（未來社、1990年）『カナダ連邦政治――多様性と統一への模索』（東京大学出版会、2002年）ほか。

下斗米伸夫（しもとまい・のぶお）
1948年北海道生まれ。東京大学大学院法学政治学研究科博士課程修了。現在、法政大学法学部教授。比較政治論、ロシア政治専攻。著書に『ロシア世界〔21世紀の世界政治〕』（筑摩書房、1999年）『アジア冷戦史』（中公新書、2004年）ほか。

現代世界——その思想と歴史②
ナショナリズムとデモクラシー

発行——二〇一〇年三月二十日　初版第一刷発行

定価——(本体二四〇〇円＋税)

編　者——田中浩
発行者——西谷能英
発行所——株式会社　未來社
〒112-0002東京都文京区小石川三—七—二
電話〇三—三八一四—五五二一
http://www.miraisha.co.jp/
Email: info@miraisha.co.jp
振替〇〇一七〇—三—八七三八五

印刷・製本——萩原印刷

ISBN 978-4-624-30112-5　C3030
© Hiroshi Tanaka 2010

（消費税別）

シリーズ「現代世界――その思想と歴史」

田中浩編
思想学の現在と未来

〔現代世界――その思想と歴史①〕来たるべき社会の基礎となる社会科学的方法論の課題を第一線で活躍する十二名が思想学の観点から論じる。自由思想、啓蒙思想から神学、経済学まで多彩な視座より思想研究の未来を探る充実の書。執筆者◎田中浩、柴田寿子、半澤孝麿、小野紀明、和田守、田中秀夫、加藤節、浜林正夫、飯島昇藏、泉谷周三郎、柴田平三郎、大木英夫。二四〇〇円

関連書

田中浩著
長谷川如是閑研究序説

〔「社会派ジャーナリスト」の誕生〕明治・大正・昭和の三代にわたり代表的知識人・ジャーナリストとして活躍した反骨の思想家の膨大な仕事を整理・分析した恰好の如是閑入門書。二八〇〇円

田中浩著
カール・シュミット

〔魔性の政治学〕世界的な政治学者・公法学者であり、ナチのイデオローグでもあったシュミットの主要著作を分析しつつ、その思想の射程と問題点を鋭く批判的に論究する。二八〇〇円

田中浩著
思想学事始め
〔戦後社会科学形成史の一断面〕ホッブズ、カール・シュミット、長谷川如是閑を軸に西欧と日本の政治思想を縦横に研究し、膨大な業績を残してきた著者の半世紀を超える知的自伝。三五〇〇円

加藤普章著
多元国家カナダの実験
〔連邦主義・先住民・憲法改正〕カナダの先住民問題を分析の中心に置きつつ、多民族国家の統治原理、行政システム、憲法・法制度などを総合的に検討。第二回カナダ首相出版賞受賞。二五〇〇円

丸山眞男著
〔新装版〕現代政治の思想と行動
発表より半世紀たった現在にいたるまで繰り返し読まれ、言及され、論じられるロングセラー。著者没後十年を機に新組・新装カバー装に。「超国家主義の論理と心理」ほかを収録。三八〇〇円

丸山眞男著
後衛の位置から
〔『現代政治の思想と行動』追補〕英訳版『現代政治の思想と行動』著者序文、「憲法第九条をめぐる若干の考察」、「近代日本の知識人」の三篇と、英訳版への海外の書評五篇を収載。一五〇〇円

田中浩・和田守編
21世紀の民族と国家 第一巻
民族と国家の国際比較研究
「民族・国家・個人」「エスニシティ・アインデンティティ・グローバリゼーション」「ナショナル・アイデンティティの現在」「カナダのナショナリズム」ほか政治学論文十四本。二八〇〇円

タロシュほか編／田中浩・村松惠二訳
オーストリア・ファシズム
〔一九三四年から一九三八年までの支配体制〕ドイツ・ナチズムとイタリア・ファシズムにはさまれた第二次世界大戦直前の小国の政治・経済・文化状況を体系的に分析した研究書。二八〇〇円

（消費税別）

ピアソン著／田中浩・神谷直樹訳
曲がり角にきた福祉国家
〔福祉の新政治経済学〕七〇年代以降さまざまな危機に直面している福祉国家の歴史的動態と現代的課題について、理論的、思想史的にかつ実証的に論じた政治経済学的な比較研究。三八〇〇円

クーペルスほか編／田中浩・柴田寿子監訳
ＥＵ時代の到来
〔ヨーロッパ・福祉社会・社会民主主義〕新自由主義の席捲による政治経済の危機を乗りこえ、今日のＥＵの礎を築いた欧州各国の社会民主主義政党の軌跡を精緻に捉えた政治論集。四八〇〇円

ワトキンス著／田中浩・高野清弘訳
〔新装版〕ホッブズ
〔その思想体系〕ホッブズ政治理論に哲学的観念がいかに深く関わっているかという観点から、ポパー流の分析哲学の手法を用いて、その政治思想の構成を解明する野心的ホッブズ論。三八〇〇円

タック著／田中浩・重森臣広訳
トマス・ホッブズ
英語によって哲学を論じた最初の人、近代思想の始祖のひとりホッブズの思想の全体像を、その生涯・著作およびホッブズ解釈の洗い直しをつうじて明らかにする定評ある入門書。二五〇〇円

フィルプ著／田中浩・梅田百合香訳
トマス・ペイン
〔国際派革命知識人の生涯〕国を超えて、自由と独立の精神、民主主義と共和制の必要を説いた、革命思想家トマス・ペイン。ペインを武器とした革命思想家、その思想と生涯。二五〇〇円

シュミット著／田中浩・原田武雄訳
政治的なものの概念
「政治の本質は、友と敵の区別にある」。政治的なものの根拠を求めるシュミットの原理的思考の到達点「友・敵理論」は政治理論でありそして戦争論でもある。必携の基本文献。一三〇〇円

シュミット著／田中浩・原田武雄訳

政治神学

「主権者とは、例外状況にかんして決定をくだす者をいう」。国家と法と主権の問題を踏査するコアな思考の展開。カール・レヴィットによる決定的なシュミット批判なども併録。　一八〇〇円

シュミット著／田中浩・原田武雄訳

大統領の独裁

〔付＝憲法の番人（一九二九年版）〕H・ヘラーに大統領独裁への道を掃き清めたと指弾されたシュミットの問題の書。ナチズム研究に不可欠な本書に訳者の周到な研究解説五〇頁を付す。　一八〇〇円

シュミット著／田中浩・原田武雄訳

独裁

〔近代主権論の起源からプロレタリア階級闘争まで〕ローマ共和国からロシア革命に至るまでの歴史から独裁概念を厳密に規定する、ナチズム政権登場を準備した究極の独裁論。　二八〇〇円

シュミット著／田中浩・原田武雄訳

合法性と正当性

〔付＝中性化と非政治化の時代〕ヒトラー登場の露払いとしての思想的役割をはたした有名論文。ワイマール民主制への強引な批判は公法学者シュミットの面目躍如たるものがある。　一八〇〇円

モムゼン編／川鍋正敏・酒井昌美訳

帝国主義と国民統合

モムゼン、ヴェーラーほかドイツの歴史家が、十九世紀後半から第一次大戦にかけての近代帝国主義を討議。各国の植民地政策と近代国民国家形成を具体的事例にもとづき検討する。　二八〇〇円

リンゼイ著／永岡薫訳

〔増補〕民主主義の本質

〔イギリス・デモクラシーとピュウリタニズム〕一九二九年初版に、一九三五年第二版の序文（ホッブズ批判を含むリンゼイのデモクラシー論の展開）を新たに訳出した名著の増補決定版。　二二〇〇円